大人もハマる地理

河原和之
Kazuyuki Kawahara

Subarusya

はじめに

「なぜ？」から考え「なるほど！」と納得できる

「地理なんて、もうウン十年も勉強していない」。この本は、そんな方のために作りました。「今、学校で教えられている最新の地理」を学び直してみませんか。お子さんやお孫さんと、地理を通じていろいろな会話が楽しめますよ。

地理は暗記科目ではなく、考える科目です。

地理を学べば会話がはずみ、世にあふれる情報やニュースを考える判断力を培うことができるようになります。

本書は、日常の中でなんとなく見過ごしているニュースやデータから日本や世界の事実を知り「なぜそうなるのか？」「なぜ変化したのか？」を思考するための本です。雑学辞典ではありません。知識量を問わず、年齢に関係なく、すべての人が「なぜ？」から考え「なるほど！」と納得できる、地理と地図の醍醐味を味わえる本です。たとえば……。

地理の基本は、地図です。では、果たして地図はすべてを正しく表しているのでしょうか。ここで問題です。日本の真東の方位にある国はどこですか？

ふだん目にするメルカトル図法の地図で、日本の真東には北アメリカ大陸があります。でも、待ってください。**地球は丸いのに、地図は平面です。メルカトル図法の方位は正しいのでしょうか？**　不安になった方は、32 ページの設問に思う存分、頭を悩ませてください。

ニュースも「なぜ？」の材料にしています。ちょっと前の新聞に「島根県にスターバックスが進出。未出店県は鳥取県のみ」という見出しがありました。なぜ、この地域への出店が後回しになったのでしょうか。その理由は、流通のカベが克服できなかったから。両県が日本海側だからではありません（112ページ）。

島根県などの日本海側に「過疎」「産業が貧弱」というイメージを持つ方がいますが、実は明治初期の島根県（今の鳥取県を含む）の人口は全国で10位台にランキングされ、当時の東京府（今の東京都より狭い）の人口より多かったことはあまり知られていません。しかも、当時の人口ランキング1位は石川県（今の富山県と福井県の一部を含む）、2位は新潟県でした。**なぜ、明治初期の日本海側には多くの人が住んでいたのでしょうか？**　152ページを一読すれば、その理由を確かめることができます。

ほかにも「男性が多い県、女性が多い県はどこ？」「イクメンが多いのは□□県？」「アフリカにペンギンはいる？　いない？」「黒っぽいから黒潮。では、親潮は"だれの親"なのか？」といった、**最新の地理、定番の地理を知識ゼロから楽しく学べる151の設問を用意しました。**

本書は、教師の強い味方にもなります。本書の設問なら、暗記の強要ではなく、勉強が苦手な児童・生徒も楽しく学び、判断力や思考力を培うことができるからです。白熱する地理の授業に挑戦してください。

河原和之

CONTENTS

Part 1 地図と地勢でアタマの体操！

Part 2 都道府県データで盛り上がる

Part 3 地理から見えるニッポン

Part 4 歴史を地理の目で見直す

Part 5 目からウロコの地球の地理！

よこみちコラム

★読者のみなさまへ
・本書では、答えに直接つながる文言が設問の前の文章に入っている場合、□□□や○○○などとして隠しています。あらかじめご了承ください。
・本書には、社会の特徴をわかりやすく解説するため、一部最新のデータを反映していない項目があります。

Part 1

地図と地勢でアタマの体操!

◎ まず地図をおさえるべし①

地図記号に由来あり！
郵便局は手紙のテから？

地理と言えば、地図！　地図を使うには、地図記号を覚える必要があります。

地図記号は由来から理解するとよいのですが、子どもにはすんなりと理解できない記号もあります。たとえば「税務署の　地図記号は□□□□□□の形から」は、大人にはすんなりと理解されますが、□□□□□□が、カネ勘定→税務署と結びつかない子どももいます。

みなさんはどうですか。次の解説は正しい？　まちがい？

Q　次のア〜カの地図記号の由来の解説で、まちがった解説はどれですか。 **［難易度★★☆］**

ア 裁判所

昔の高札《こうさつ》の形から。

イ 税務署

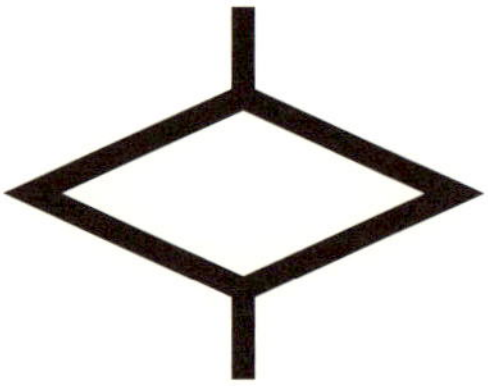

そろばんの珠《たま》の形から。

ウ 警察署

犯罪は×だから。

エ 郵便局

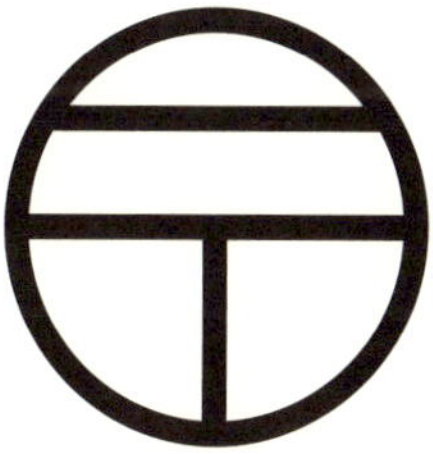

手紙のテの字から。

オ 消防署

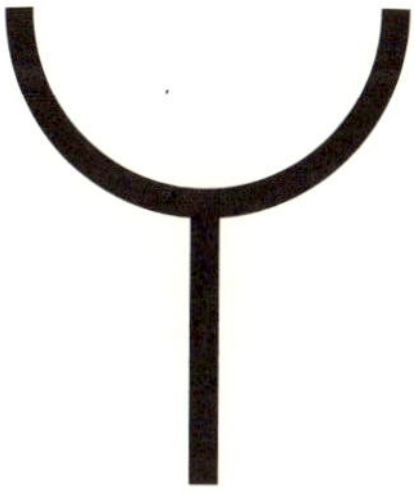

昔の火消し道具、
刺又《さすまた》の形から。

カ 茶畑

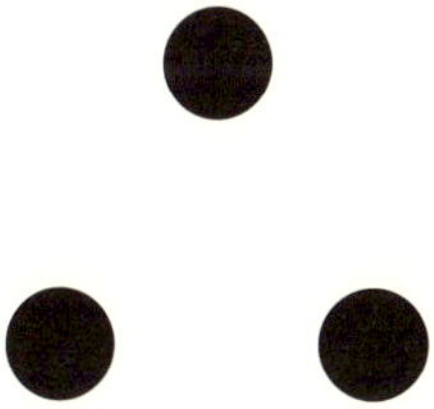

煎茶など３種に分けられる
茶の種類を●で示したから。

ハマる!

裁判所の記号は江戸時代の高札から
刺又はいまや「子どもになじみの備品」

裁判所の地図記号 仐 は、昔の高札（掲示板）の形に由来しています。江戸時代が舞台の時代劇などで「定」などと墨書された看板の前に町民が集まってがやがやしているシーンがありますね。あの看板が高札です。

学校では、**イ**の税務署の記号から「そろばんの珠」を想像できない子どもがけっこういます。そろばんと金勘定が結びつかないんですね。

ウの警察署 ⊗ は警察官のシンボルである警棒を二本交差させた形を元にしています。だから、まちがい。

エの解説もまちがいです。確かにテに由来する形ですが、このテは郵便局の前身、逓信省（ていしんしょう）の読みの一文字目のテに由来します。子どもたちからは「ポストの形に似ているから？」という意見も出ます。

オは解説のとおりです。刺又が、いまの小学生にわかるはずがないだろうって？　いえいえ、刺又は最近、不審人物などに備える護身用器具としてどこの学校にも常備されているので、生徒にはなじみの備品なのですよ。

カの茶畑の記号の正否は、授業では実際に、お茶の実を手に取って見せると、地図記号の形をしているのがすぐにわかります。

［まちがった解説］ウ、エ、カ

◎ まず地図をおさえるべし②

地図記号に歴史あり！地図に表されない郵便局とは？

地図記号は時代とともに変化します。一例が郵便局です。今の郵便局の地図記号を示し、子どもに「昔はどんな地図記号だった？」と問うと「ハガキ」「手紙」「切手」と実にいろいろな答えが。中には「飛脚」と答える子どももいます。そして、これがすべて、まちがいでもないのです。

Q　次のア～オの記号は、郵便局の地図記号としてすべて実際に使われていた記号です。［難易度★★☆］

(1) 現在の郵便局の地図記号は、ア～オのどれですか。

(2) 郵便局の地図記号を古い順に並べかえなさい。

ア

イ

ウ

エ

オ

ハマる!

郵便局の記号は「丸に一字引き」から
封筒のマークが地図記号だった時代も

郵便局の最も古い地図記号は**ウ**です。「丸に一字引き」といわれた当初の郵便旗（下：白地に赤帯と赤丸）を引用した記号です。郵便制度が始まったのは 1872 年で、この記号は 1883 年から使われていました。

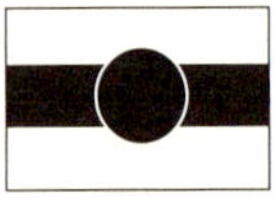

1892 年には、角封筒の形から**オ**が記号化されました。これは**ウ**と違い、わかりやすい記号になっています。

1918 年に記号化されたのが**エ**です。地図上のすべての郵便局に記号がつけられました。

一見似ていますが、**ア**は 1965 年から、**イ**は 2002 年から使われています。普通郵便局、特定郵便局、簡易郵便局と分室及び常設の出張所について表示されています。

ここで、雑学ネタを一つ。「**国土地理院の地図に表示されない郵便局があります。どこにある郵便局でしょうか**」。答えは「地下街にある郵便局」です。表示すると、地上にある郵便局と勘違いされ、混乱を生むからです。確かに、地図を頼りに郵便局を探していて地下にあったというのでは、国土地理院に一言、文句を言ってみたくもなりますからね。

［正解］（1）**イ**　（2）**ウ→オ→エ→ア→イ**

◎ まず地図をおさえるべし③

消滅した記号が時代を語る
戦前、田は３種に分類!?

世の中が変われば、地図記号も変わります。あなたが小学生のときに習った地図記号は、今もあるでしょうか？　地図記号の変遷に注目すると、当時の社会や町の様子が想像できて興味をそそられます。

Q　次の地図記号の中で、現在、国土地理院発行の２万５千分の１の地図で使われていない地図記号はどれですか。［難易度★★☆］

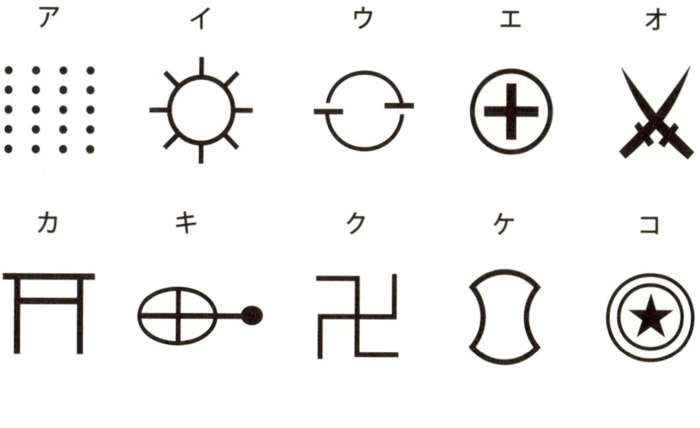

ヒント　今でも４つは使われています。

ハマる!

銀行記号は「1万分の1」でのみ使用
戦後は軍関連の100近くの記号が消滅

ア（**塩田《えんでん》**）と**ウ**（**電報・電話局**）は1986年になくなりました。塩田はほぼ消滅し、電報・電話局はＮＴＴの発足により消滅したからでしょう。

オ（**古戦場**）は1960年に、**キ**（**牧場**）は1965年にそれぞれなくなっています。古戦場の地図記号は、利用価値がなくなったからと考えていいでしょう。牧場は、牧場数そのものの減少にその原因がありそうです。

ケ（**銀行**）は1955年に2万5千分の1の地図から消えました（1万分の1の地図では使われています）。銀行のような重要な施設の地図記号がなぜなくなったのか。その理由を国土地理院に電話で問い合わせたところ、「わからない。記録が残っていない」との回答が。理由を想像してみましょう。私が考えるに、銀行だけではなく私企業は比較的数も多く、国土地理院という公の機関が発行する地図のねらいから考えて記号を与えるのにふさわしくないと判断されたのかもしれません。

都市部では銀行が多く、2万5千分の1の地図には物理的に掲載が難しいという現実もあります。しかし、銀行は商取引には不可欠。**そこで都市の地形図として使われる1万分の1の地図に記号を残したのではないでしょうか。**

同様に、**イ**（**工場**）は地域の状況を考慮して、目印になる建物についてのみ表示があります。**エ** ⊕ は**保健所**、

カ ⛩ は**神社**、**ク 卍** は**寺院**の地図記号です。すべて、今も使われています。

コ ⍟ は、戦前と戦後を比較するために載せました。**戦前の軍事施設関係の地図記号が戦後、どのくらいなくなったかご存じですか？**　**コ ⍟** の**軍司令部**や**憲兵隊** 〆 をはじめ、戦後100近くの軍関係の地図記号がなくなりました。

また現在、田の地図記号 ıı は一つですが、戦前から戦後しばらくの間は、田は乾田、水田、沼田などに分けられ、それぞれ異なる地図記号が与えられていました。**乾田**は、現在の田の地図記号と同じ ıı 。**水田**は田に水が加わったイメージの ш 。**沼田**（泥土で、泥が深くひざまでつかるか、小舟を用いて稲作する土地）は水面が不安定なイメージの ш̲ という具合です。

橋の地図記号も、木橋、仮橋、鉄橋などに細分化されていました。これらはともに、戦車などの軍車両や兵士が進軍する目安として細分化されていたのではないかと言われています。当時の日本地図は、陸軍が製作していたからです。

［正解］ア、ウ、オ、キ、ケ、コ

小・中学生のアイデアによる地図記号はどれ？

変化したり消えたりする地図記号があるのですから、当然、新しく作られる地図記号もあります。

2005 年、国土地理院は□□と○○○○○の新しい地図記号を、全国の小・中学生から募集したデザインをもとに作りました。国土地理院が地図記号を外部から募集して作るのは初めてのことでした。

時代の変化とともに、環境にやさしい発電用□□や高齢化社会の進展による○○○○○の建設が各地で進められようになり、新しい地図記号を作る必要性がでてきたからです。次代を担う児童・生徒たちの地図に対する理解をより深めたい狙いもありました。

応募総数は□□が 61,044 点、○○○○○が 57,041 点。このような数多くのデザイン案から、次の地図記号が生まれました。

Q **次のうち、小・中学生のデザインによる地図記号はどれですか。二つ選び、下のA～Eからその意味を選びなさい。**［難易度★☆☆］

ア

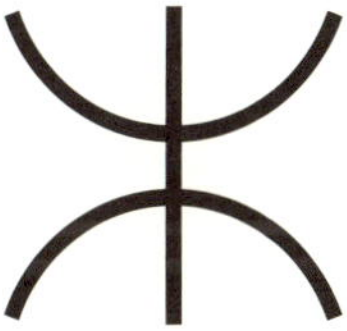

イ

ウ

エ

オ

A…図書館　B…風車　C…博物館

D…森林管理署　E…老人ホーム

ヒント　左ページの□□と○○○○○が正解の凡例の字数です。

ハマる!

新記号は風車と老人ホーム！「交番」や「森林管理署」など凡例が変わった記号も

イの **風車**と、**ウ**の **老人ホーム**が小・中学生のアイデアによるものでした。風車をデザインしたのは京都府の中学校1年生。老人ホームは鳥取県の小学校6年生でした。

アは**森林管理署**の地図記号です。1986年までは「営林署」で同じ地図記号が使われていました。地図記号は同じで名称が変更された例は、他にもあります。**交番**Xも1986年までは「駐在所・派出所」という名称でした。

エは**図書館**、**オ**は**博物館**の地図記号です。二つとも2002年から新たに加わった記号です。図書館はシンプルでわかりやすい記号ですね。これは公立図書館のみに適用されます。博物館は「博物館法による登録博物館及び博物館相当施設と国又は独立行政法人が設置する施設」という定義に合う施設に適用されます。「石原裕次郎記念館」(小樽市)などはこの記号で表されないようです。

では、さっそく2万5千分の1の地図を使い、子どもと、風車と老人ホームの場所を探してみましょう。

新しい地図記号を考えてみるのも、いいですね。コンビニエンスストアや介護施設など、数は多いのに地図記号のない施設はまだまだたくさんありますから。

［正解］イ…B、ウ…E

よこみちコラム

2万5千分の1の地図から島の人口を割り出す目安になる地図記号は？

私は、地図には、人々の暮らしが記されていると考えています。その例として、2万5千分の1の地図から二つの島の生活を想像してみましょう。

沖縄県竹富島《たけとみじま》（竹富町）の地図には、島の中央に集落があり、学校、病院、神社が一つずつあります。

「小中・複式の学校かな？」「交番がないから、犯罪はほとんどない!?」「寺がない。お葬式はどうするのか？」など、地図を見るだけでいろいろな想像を楽しめます。

ほぼ同面積の三重県答志島《とうしじま》（鳥羽《とば》市）には市街地が二つ、学校が三つ、寺、神社、郵便局が二つずつ、交番が一つあります。

島の人口を想像してみましょうか。〈沖縄県では、1家族に二人は子どもがいそうだ〉〈複式なら1学年5人として、9学年で45人〉〈日本の学齢人口比（小中学生人口）は9％〉だから、竹富島の人口は400名前後ではないでしょうか。

答志島はおそらく、小学校が2校、中学校が1校だろうから〈1クラス15～20人として、学齢人口は約270～360人〉だから、人口は3,000～4,000人かな。

正解は竹富島が323人（2013年）、答志島が2,578人（同）でした。見当ちがいの数字ではありませんでしたね。

◎ 歌いながら日本地図を！

♪むすんで ひらいて♪で日本地図が描ける！

ここでコーヒーブレイクも兼ねて、授業でよく使われる「だれでも日本地図が描ける歌」を覚えてみませんか。メロディーは就学前によく歌った「むすんで ひらいて」です。

Q 右の「だれでも日本地図が描ける歌」の［ア］～［オ］に入る言葉を、下のA～Eから選びなさい。

［難易度★★☆］

A円　B五角形　C横長　Dたて長　Eひし形

ヒント　下が完成した地図です（沖縄を除く）。

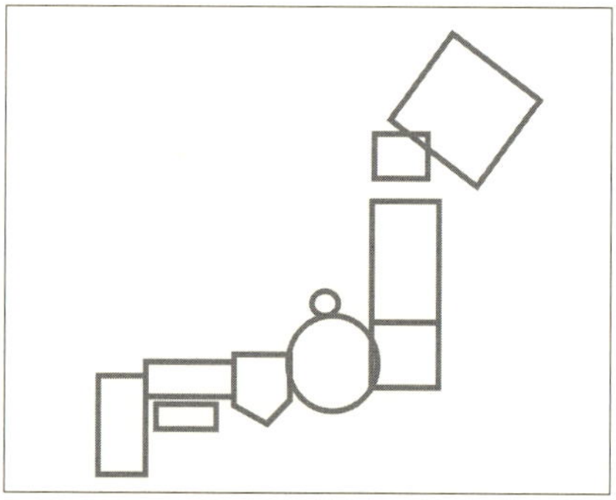

♪　だれでも日本地図が描ける歌　♪

※歌詞の区切りは「むすんで ひらいて」を想定。

♪　①東北　５県は　［ア　　　　　］の　四角描き

②福島　関東は　下に　つづきます

③中部　地方は　大きめの　［イ　　　　　］を描き

④近畿　地方は　左に［ウ　　　　　］

⑤中国　地方は　［エ　　　　　］の　四角描き

⑥能登　半島を加えて　本州できあがり

⑦四国　九州は　さりげなく　加えてね

⑧北海道は　［オ　　　　　］の　左に　長四角

⑨南の　沖縄　加えれば　あら　不思議

⑩「むすんで　ひらいて」で日本列島できあがり！　♪

ハマる!

紙上で授業を再現！
アクションもつけて歌おう！

① **♪東北５県は［たて長］の四角描き♪**　つかみは大切。授業ではこの段階から歌わせます。

② **♪福島、関東は下につづきます♪**　上の長方形に続く正方形を描くと、よいでしょう。福島県は東北ですが、ここではメロディーの都合上「東北5県」「福島、東京」としています。

③ **♪中部地方は大きめの［円］を描き♪**　円は、関東地方の正方形より大きめに描くとバランスがとれます。

④ **♪近畿地方は左に［五角形］♪**　下部は、中部地方の丸より少し下にずらすとよいでしょう。

⑤ **♪中国地方は［横長］の四角描き♪**　近畿の左に描きます。このころになると、教室はかなり盛り上がります。

⑥ **♪能登半島を加えて本州できあがり♪**　小さい円か、たて長の四角を斜めに配置するとよいでしょう。

⑦ **♪四国、九州はさりげなく加えてね♪**　しかるべき場所に四国と九州を加えます。それぞれ横長と縦長の四角でＯＫ。

⑧ **♪北海道は［ひし形］の左に長四角♪**　北海道の形を正しく描ける子どもは多くありません。

⑨ **♪南の沖縄加えれば、あら不思議〜♪**　最後は全員に拍手を求めます。

というわけで、正解は以下のとおり。お試しください。

［正解］ア…D、イ…A、ウ…B、エ…C、オ…E

「だれでも日本地図が描ける歌」の手順とポイント

※授業では黒板にフリーハンドで描きます。

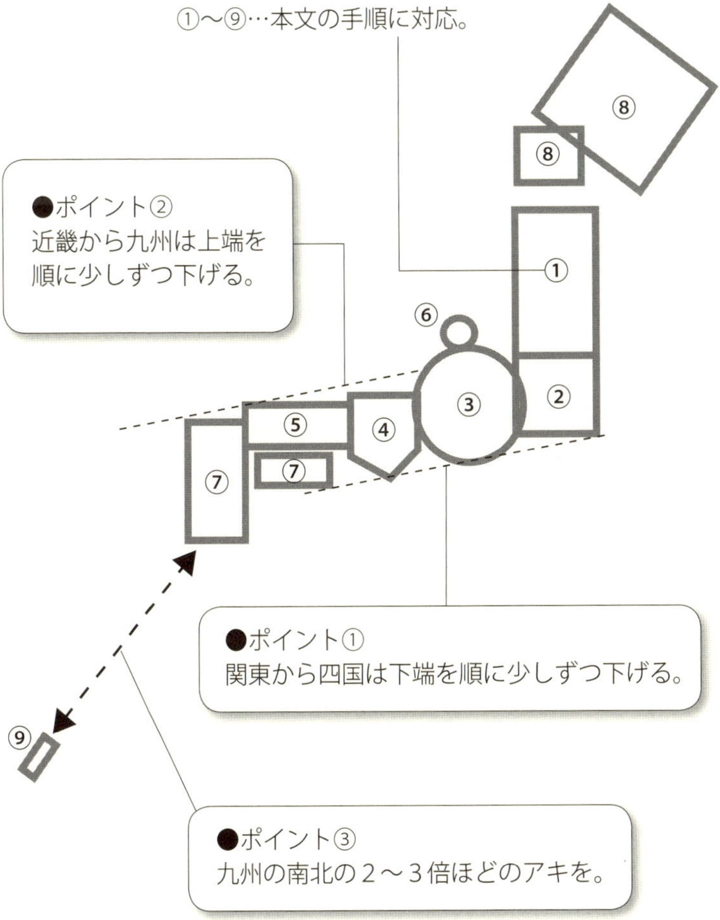
①〜⑨…本文の手順に対応。
⑧
⑧
①
②
③
④
⑤
⑥
⑦
⑦
⑨
●ポイント②
近畿から九州は上端を
順に少しずつ下げる。
●ポイント①
関東から四国は下端を順に少しずつ下げる。
●ポイント③
九州の南北の２〜３倍ほどのアキを。

◎ メルカトルの錯覚①

日本とフィンランド、大きいのはどちらだ？

メルカトル図法の地図では、ロシアやグリーンランドがとても大きく見えます。あれって、本当でしょうか。

Q　メルカトル図法の地図からア～カの国の国土を切り出し、比べやすいように面積比で４倍に拡大しました。ア～カを、実際の国土面積の広い順にならべかえなさい。

［難易度★★★］

ア…フィンランド　**イ**…イタリア　**ウ**…ジンバブエ
エ…日本　**オ**…タイ　**カ**…パラグアイ

ヒント

①メルカトル図法では、高緯度が実際より大きく示される。
②実際の国土面積では、**カ**は**ウ**より広い。
③**ア**～**カ**の中で一番広いのは、**オ**である。

※地図は、左を上にして見てください。

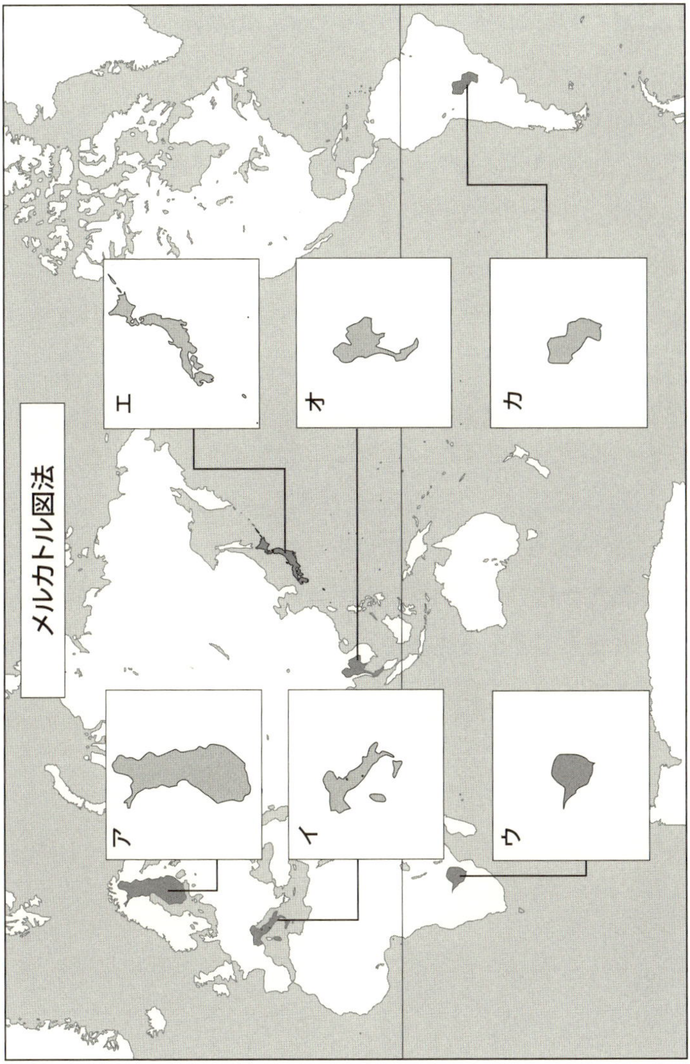

ハマる!

高緯度ほど歪みが大きいメルカトル図法だから、地図を科学的に理解する楽しさが味わえる

「地図を科学的に理解する」ことの楽しさを体感できる設問です。中学校では入学すぐの授業で扱う設問なので、教師としてはこの設問で生徒に「なるほど！」「地理って、おもしろい」とぜひ納得してもらいたい設問でもあります。

私はこの設問の前に、地球儀と地図帳を道具に、生徒に「グリーンランドとオーストラリアのどちらの面積が広いか？」というお決まりの質問を投げかけることにしています。みなさんは即答できますか（正解は、オーストラリア）。

生徒の意見は、半々に分かれます。地図を信用する生徒、地球儀を信用する生徒に分かれるからですが、中には「地球は球体だから、平面に直すと、緯度が高いほど面積が広くなる」と答えてくれる生徒もいます。そして、次にこの設問を投げかけるのです。

設問で挙げた国の国土面積は、以下です。

ア…フィンランド　33.8万㎢
イ…イタリア　30.1万㎢
ウ…ジンバブエ　39.1万㎢
エ…日本　37.8万㎢
オ…タイ　51.3万㎢
カ…パラグアイ　40.7万㎢

この設問には「地図とは何か」「地図は目的に応じてつくられている」ことを理解させる意図もあります。ですから私

は、上の説明の後、設問の地図はメルカトル図法で、おもに海図に利用されることを加え、その長所と短所を説明します。

●メルカトル図法の長所

・見慣れているので、わかりやすい

・２地点を結ぶ直線と経線の角度が一定（だから、かつて羅針盤などの磁石を用いた道具で航海する海図に適していた）。

●メルカトル図法の短所

・高緯度になるほど面積が大きく表示される。

・高緯度になるほど形が不正確になる。

・２地点間の距離と方位が正しく表されない。

　これで、生徒は「ふーん！なるほど」と納得します。この「なるほど！」があれば、授業は成功です。**見えるものの背後にある"見えないもの"に気づき、科学的に考える醍醐味が伝わったからです**。皆さんにも「なるほど！」が伝わったでしょうか。

［正解］（広い順に）オ→カ→ウ→エ→ア→イ

◎ メルカトルの錯覚②

東京の真東は北米大陸？トゥルー？ or ナット？

地図は疑って眺めるもの。今度は方位を疑ってみましょうか。

Q 下の世界地図を見た子どもが尋ねました。「北米大陸は東京の真東にあるの？」さて、これは、正しい？まちがい？〔難易度★★☆〕

ヒント　メルカトル図法でも赤道上なら、正しい方位を確かめられます。

ハマる!

方位は正距方位図法で確認すべし！
メルカトル図法で方位は確認できない

東京から東の方位にあるのは、南米大陸のチリです。

一方、方位磁石を持ち、東京から磁石が東を指す方向（経線と 90 度の方向）に進むと、北アメリカに着きます。なぜか。

この授業で私は教室に方位磁石を持参し、**黒板にチョークで東を示す向きの矢印をつけます。そして「この方角に歩いて行くと、どこに到着するか」**という中途半端な質問をして、生徒に地球儀と地図帳で「東の方角」を探させます。

地図で調べているグループからは「ロサンゼルスだよ」という声が聞こえます。地球儀のグループも、経線との平行を意識して探すので「やはりアメリカ合衆国のどこか」という答え。予習組には「チリ」と答える生徒もいますが、理由はうまく説明できません。

そこで、日本（東京）中心の正距方位図を投影機で示し「この地図で、日本の真東はどこですか？」と問うと、南アメリカのチリになることが一目でわかります（図 1）。

生徒からは「地球儀では、真東にチリはありません」という反論がでます。「そうかな？」と言いながら、教卓に置いた地球儀の真北と真南を指示し、それと直角になる方向を指でたどります。すると、東の方位に、チリが現れます。

生徒からは当然、「先生！　緯線に沿って動かさなきゃ」というつっこみが入ります。そこで私は、**「地球は丸いから、日本から真東の方向にあるのは北米大陸ではなくは南米大陸な**

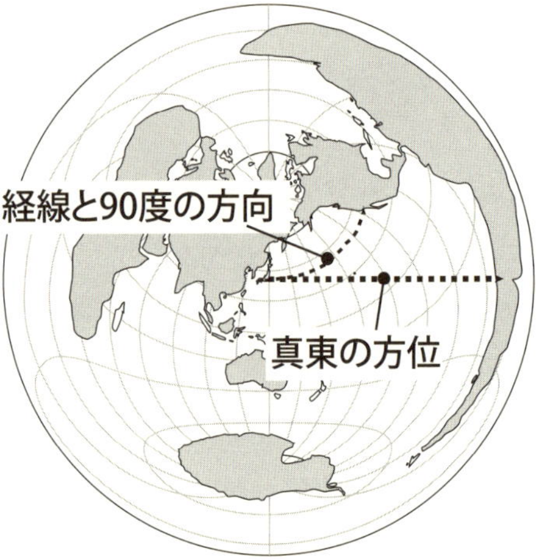

図１　東西は「南北に対して直角の方位」
と考えれば、すんなり理解できるでしょう。

んだよ」と何度も地球儀で具体的に指示しながら説明します。

正距方位図は、私たちになじみの薄い地図ですが、実は「楽しめる地図」です。たとえば、この地図で海外旅行を計画します。大阪からソウルまでの飛行時間を２時間として、ケニアのナイロビ、イタリアのローマまで飛行機で何時間かかるかを調べると、メルカトル図法では日本にはローマよりナイロビの方が近く見えますが、実際はローマが近いと一目でわかります。正距方位図と地球儀で遊びながら、球体を平面に表す難しさについて親子で考えてみてください。

［答え］　まちがい

方位は、地球儀の上の十字で確かめられる

東西南北は、地球儀で十字に交わる方位で確かめられます。高緯度になるほど、東西は意外な方向に向かいます。

★アイスランドの真東は、ペルシア湾

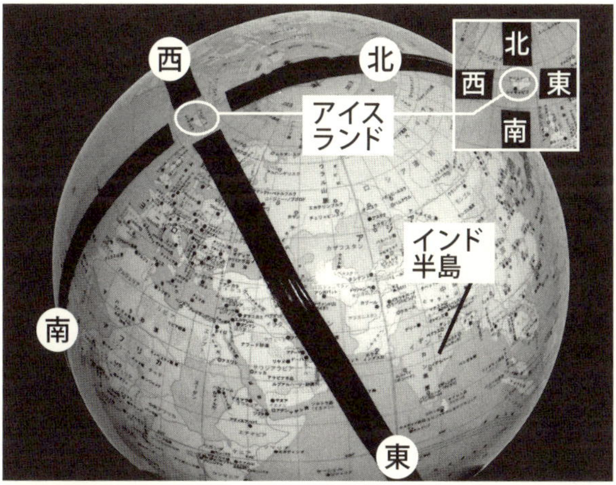

★真西は、メキシコ

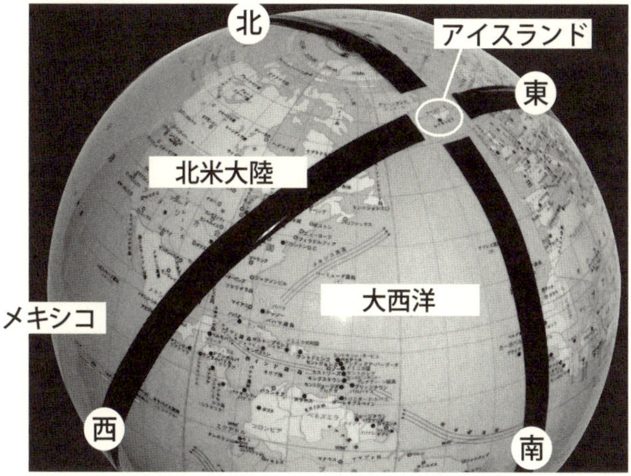

◎ 意外？　日本の川の流域面積の合計は…

川の長さと流域面積のランキングを考える！

長さはわかりますが、流域面積って、何でしたっけ？

Q　右の㋐～㋔は日本で長さ上位5位までの川の流路図、㋕～㋚は同じく流域面積上位5位までの川の流域図です。㋐～㋚は、下の表の［①］～［⑧］のどれにあてはまるものでしょうか。［難易度★★★］

	長さ	流域面積
1位	［①　　　］367km	［⑤　　　］1万6,840㎢
2位	［②　　　］322km	［⑥　　　］1万4,330㎢
3位	［③　　　］268km	［⑦　　　］1万1,900㎢
4位	㋒ 天塩川　256km	［⑧　　　］1万150㎢
5位	［④　　　］249km	㋖ 木曽川流域　9,100㎢

ヒント　㋐は、東北地方の川です。
㋑は、中部地方の川です。
㋚は、日本海に流れこみます。

【注意】① ア～コの縮尺はバラバラです。

② ア～コのどれか一つの方位は正しくありません。

③ 流域面積とは、川の水面の面積ではありません。

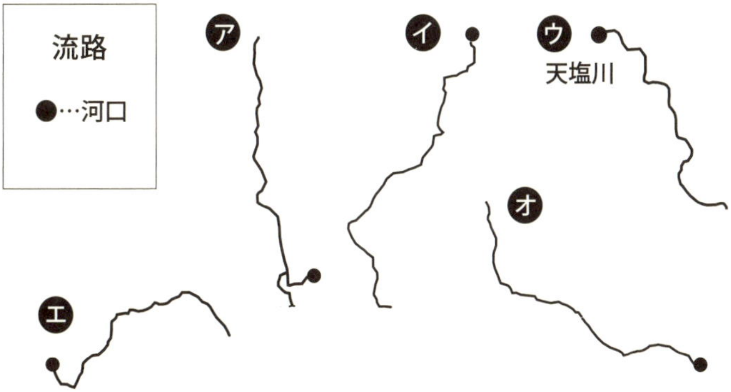

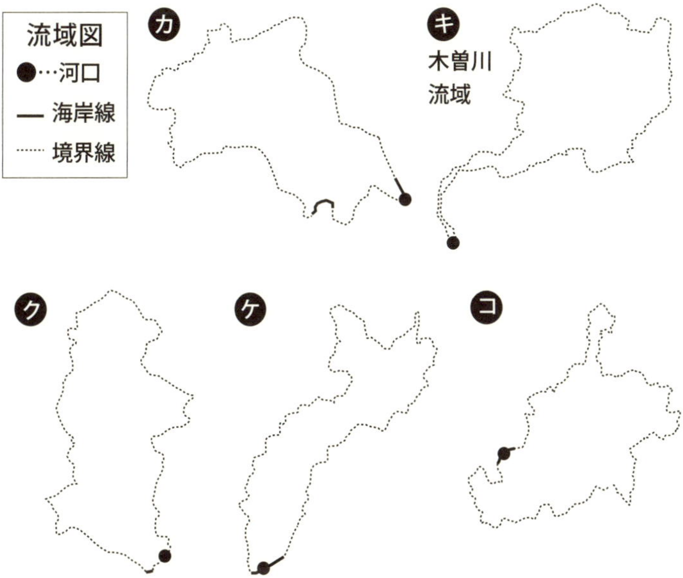

ハマる!

流域面積を理解すれば「台所と海のつながり」や「大阪の水事情」など、環境への理解も進む

授業では、設問のようなベスト５を暗記させる場合がほとんどです。方位が正しくない図版は、信濃川流域を示す図を逆さまに配置した㋘です。

長さと流域面積の上位５位の河川

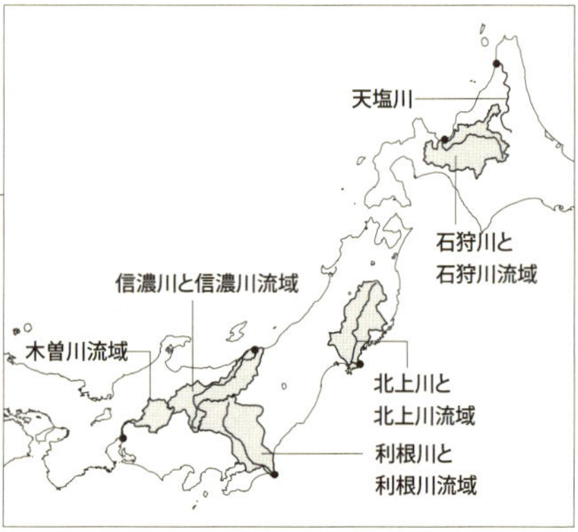

教師は川に興味を持たせるために、さまざまな工夫をします。まず、難しいのは「流域面積とは、何か」です。

降った雨がその川に流れこむ範囲が、流域面積です。隣の川との分水界が流域面積の境界になります。上の略図でも、利根川の流域と信濃川の流域が一部接しています。この接している部分が分水界になります。

授業では、川とその流域の模型に " 雨 " を降らせて流域面積を説明し、こんなクイズを出してみます。「**日本の川の流域面積を合計すると、どのくらいの広さになりますか**」。

A…日本の面積とほぼ同じ。

B…日本の面積の３分の２。

C…日本の面積の２分の１。

いかかでしょうか。正解は、A。島国日本の雨水（川の水）は、すべて海に流れだしているわけです。海と台所の関係をつなげる環境教育にも役立つ設問です。

「考えなくてはならない設問」も用意します。川の長さベスト 10 は、すべてが東日本の川です。西日本で長さが 150 ㎞以上の川は熊野《くまの》川（奈良県など）、吉野《よしの》川（徳島県など）、斐伊《ひい》川（島根県など）、四万十《しまんと》川（高知県）、江《ごう》の川（島根県など）の５つだけ。そこで**「なぜ、西日本には長い川が少ないのか**」という発問をして「東日本には、高い山や山脈が多い」という地理的特徴に気づかせます。

さらに西日本に注目させるには、淀《よど》川がよい材料になります。淀川は全長が短い（109 水系の一級河川のうち 67 位）にもかかわらず、流域面積が全国７位（６位は十勝《とかち》川［北海道］）というおもしろい川です。そこで**「なぜ、淀川の流域面積が広いのか**」を考えさせることで、山に囲まれた琵琶湖とその周辺、つまり、滋賀県のほぼ全域が淀川の流域面積に含まれることを教えます。

子どもたちには「地理は生活や環境とも結びつく、考える学問である」ことを直感させたいものです。

［正解］①㋑（信濃川）　②㋔（利根川）　③㋓（石狩川）
④㋐（北上川）　⑤㋕（利根川流域）　⑥㋙（石狩川流域）
⑦㋘（信濃川流域）　⑧㋗（北上川流域）

◎「三大急流」の真実

え？　急流度ランキングなら□□□川が１位になるの？

日本の「三大急流」と言えば、最上《もがみ》川（山形県）、富士《ふじ》川（長野・山梨・静岡県）、球磨《くま》川（熊本県）。でも、実は一番の急流は……。

「短く、急」。教科書に書かれた日本の川の大雑把な特色です。しかし、これだけでは川について学ぶ面白さを体感できません。**地理はいつも「地図帳を開くこと」から始め、地図帳から考えさせるようにしたいものです。**

Q 下は日本と海外の川の急流度を比較した図です。下の㋐〜㋔の川の名前を答えなさい。［難易度★★☆］

日本と海外の河川の急流度（勾配）の比較

国土交通省資料などから作成

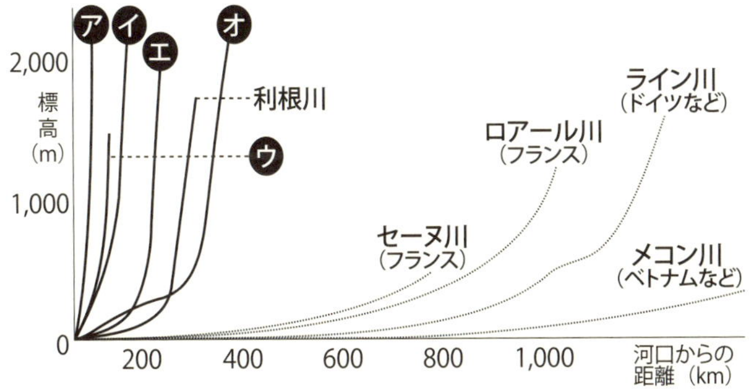

ヒント ㋐は富山県の川です。

㋑は源平の合戦の舞台でした。

㋒は九州の川です。

㋓は「五月雨を集めて早し〜」。

㋔は日本一長い川（水系）です。

ハマる!

日本一の急流は富山県の常願寺川！
「これは川ではなく滝」と外国人もびっくり！

地図帳を、どう使うか。この設問なら私は、「**中部地方の地図で日本一急流の川を探してみよう**」という問いを生徒に投げかけることから始めます。

「三大急流の富士川って、けっこう長いね」「常願寺《じょうがんじ》川は？」「知らない」「でも、かなり短い」「地図で見ると、背後に標高 3000m 級の立山連峰がそびえているよ」「富山湾まで近いし、もしかしてこの川が日本一？」こうして生徒は「日本一の急流は常願寺川」であることを " 発見 " します。

常願寺川は標高差が 3000m で長さがわずか 56㎞。世界でも有数の急流です。明治時代に政府に招かれ、日本の砂防・治山工事を体系づけたオランダ人技師は、常願寺側の流れを称して「川というより、滝」と言ったと伝えられています。前ページの図でわかるように、高低差の少ない大地を悠々と流れる川を見続けてきたヨーロッパ人の目に、常願寺川の急流ぶりは驚き以外の何物でもなかったのでしょう。

定説を鵜呑みにせず、資料や地図で確かめることで、しばしば新事実を発見できる。これも地理の醍醐味です。

［正解］ア…常願寺川　イ…富士川　ウ…球磨川　エ…最上川　オ…信濃川

◎ 河川の種類

知らなくても分けられる！一級と二級を見分ける目安は？

土手などに立てられた看板の「一級河川 □□川」「二級河川 ○○川」の一級、二級って何でしょうか。

Q 全国には一級河川しか流れていない県が７県、二級河川しか流れていない県が１県あります。どこでしょうか。正しい組み合わせを下のア～エから、選びなさい。

［難易度★★☆］

	一級河川のみの県（埼玉、長野、奈良以外に）	二級河川のみの県
ア	群馬、栃木、岐阜、滋賀	沖縄
イ	東京、愛知、大阪、福岡	北海道
ウ	宮城、茨城、静岡、愛知	長崎
エ	山形、秋田、新潟、島根	沖縄

ヒント　７県のうち３県は埼玉県、長野県、奈良県。この共通点がわかれば正解がわかります。あえて地図は載せません。

ハマる!

埼玉県、長野県、奈良県の共通点は、内陸であること。「複数県にまたがる」「長い川」が一級河川

全国に、一級水系は 109 水系（水系＝流域［38 ページ］内の河川網）、二級水系は 2,713 系あります（平成 10 年度末）。河川を数えると、一級河川（一級水系内の河川）は 13,994 に対し、二級河川は 7,090 です。

一級河川は「私たちの暮らしを守り、産業を発展させていく上で重要な、国が管理している河川」です。わかりにくいですね。生活用水や飲料水、産業用水や産業用運送に使用される河川で、**現実問題としては「国が管理する」「複数県にまたがる」「長い川」という特徴があります**。二級河川は、比較的流域面積が小さく都道府県が管理している河川です。

授業では、ヒントから、生徒に三つの県の地理的共通点をさがしながら考えさせます。すると……。そうです。三つの県の共通点は「海に面していない県」です。海に面していない内陸の県を流れる河川は、結果的に複数県にまたがり、海までの距離が長いため、一級河川の水系のみが流れていることになります。

「二級河川のみの県」は沖縄県です。島の東西の幅が 10 ～ 20㎞ていどで、一級河川として成立する上の要件を満たしていないからです。

［正解］ ア

よこみちコラム

国土地理院「非公認」の日本一低い「○○富士」はどこ？

生徒が興味津々になる、息抜き用の話題をひとつ。

伯耆《ほうき》富士（大山《だいせん》）、蝦夷《えぞ》富士（羊蹄山《ようていざん》）など国内には100近い「○○富士」があります。その中で「最も低い○○富士」は何という山か、ご存知ですか。

答えは「大潟《おおがた》富士」。八郎潟（秋田県）の干拓事業で作られた大潟村に人工的に盛られた山です。では、大潟富士の標高は何mでしょうか。10ｍ？　5ｍ？　答えは、0ｍです。「0ｍなんて、山じゃない」という声が聞こえてきそうですが、これはあくまでも「標高」です。

では、大潟富士の「高さ」は？　授業では黒板に「○○○○」と書き、右から順に○の中に6、7、7、3と入れます。

「これって、富士山の高さでは？」という生徒の声。

私は「単位がmmだと、どうなりますか？」と返します。

大潟富士の高さは、3ｍ77cm 6mmなのです。大平原の大潟村に、約4ｍの人工の山が盛り土されているわけです。

大潟富士は、国土地理院の地図には非掲載です。国土地理院の地図に載る山で標高が最も低い○○富士は、私の調べでは標高35ｍの「明田《みょうでん》富士（明田山［秋田県］）。同じく、標高が一番低い山は、標高4.53ｍの天保《てんぽう》山（大阪府）です。

◎ 海岸線に注目

海岸線が長い県と短い県、どこまでわかる？

川の次は、海岸線に注目してみましょう。

Q **下のA～Fは、地図を載せた6都道府県の海岸線の長さです。A～Fはどの都道府県でしょうか。右のア～エから、正しい組み合わせを選びなさい。**［難易度★★★］

【注意】太線が海岸線。地図の縮尺は異なる。

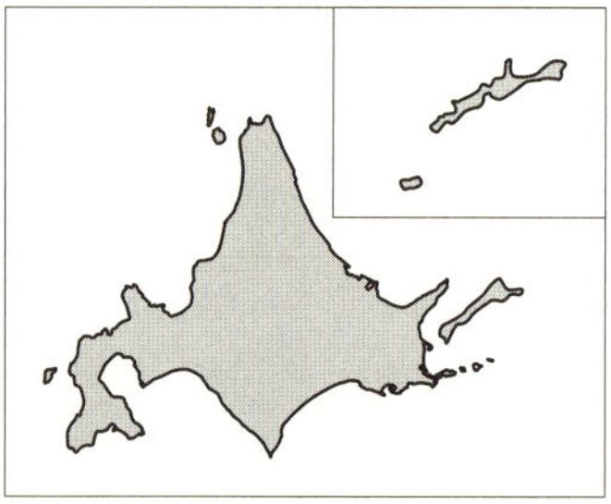

北海道

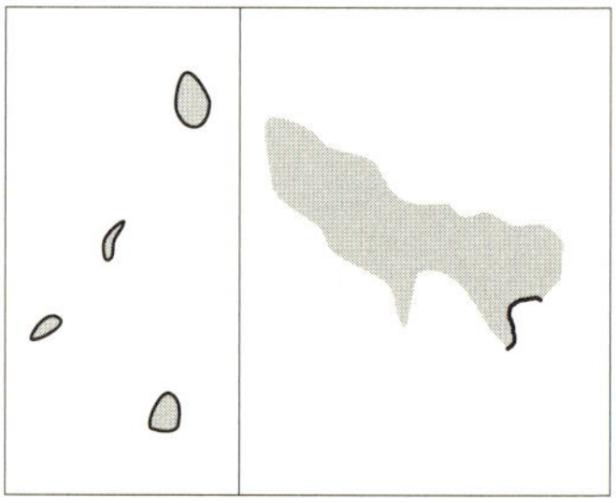

東京都

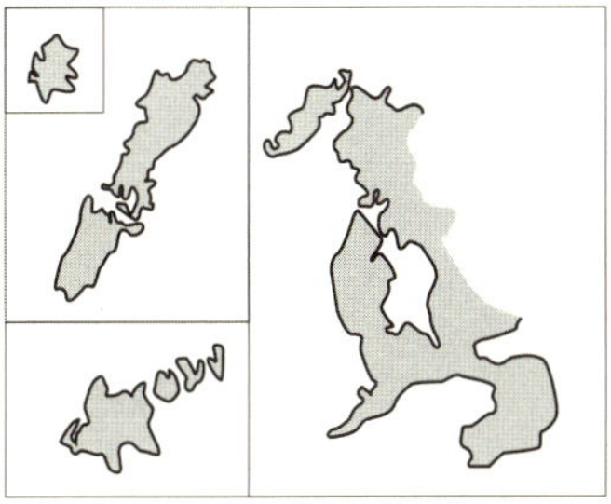

長崎県

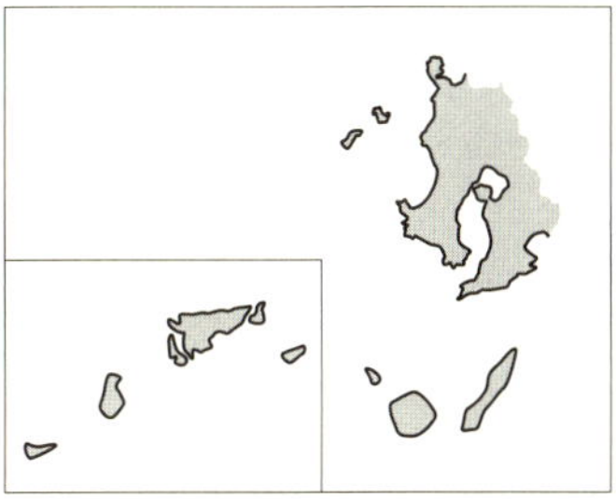

鹿児島県

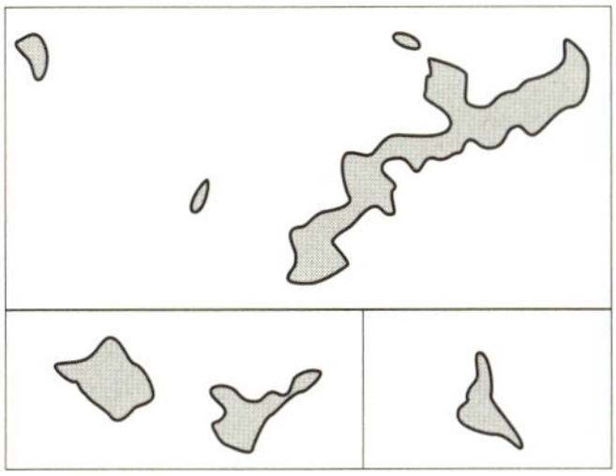

沖縄県

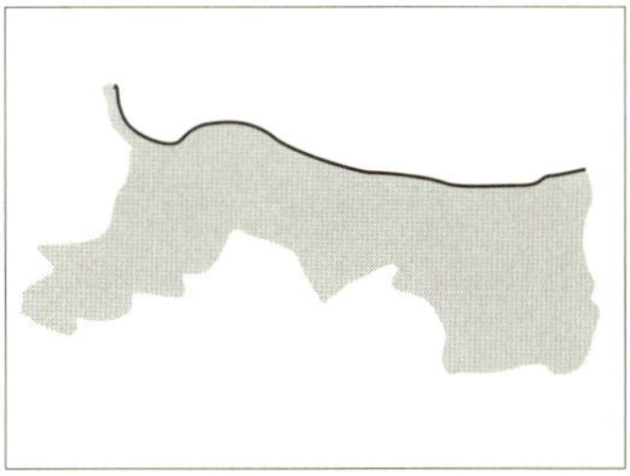

鳥取県

	ア	イ	ウ	エ
A	北海道	北海道	北海道	長崎県
B	長崎県	長崎県	長崎県	北海道
C	鳥取県	鳥取県	鹿児島県	東京都
D	沖縄県	沖縄県	沖縄県	鹿児島県
E	鹿児島県	鹿児島県	東京都	鳥取県
F	東京都	東京都	鳥取県	沖縄県

ハマる!

最長は北海道の 4,454㎞
2位の長崎県は、島の多さが貢献している

"虫の眼"で地図を観察することから考える問題です。選択肢(仮説)を決めたら、答え合わせの前に地図帳で検証しましょう。観察、仮説、検証は地理学習の基本です。

授業では最後に、みんなで話し合いをさせます。「島が多いと、海岸線は長くなる」「小笠原諸島は東京都!」「長崎県は日本で最も島が多い」など、新発見があればしめたものです。

設問の6都県の海岸線の長さはこうです(「平成22年度版海岸統計」)。1位・北海道(4,454㎞[北方領土分を含む])、2位・長崎県(4,189㎞)、3位・鹿児島県(2,664㎞)、4位・沖縄県(2,035㎞)、…、20位・東京都(763㎞)、…、39位・鳥取県(129㎞)[内陸の8県は対象外]。

子どもたちはランキングが大好きですが、**このようなランキングは順位の確認だけではなく「なぜ、その順位なのか」を考えると、より深く学ぶことができます。**

データを詳細に確かめると、経年変化によって海岸線が伸びている県と短くなっている県があります。埋立地などの造成で海岸線が長くなるのは推察できますが、短くなるのはどういうわけでしょうか? お子さん、お孫さんなどといっしょにデータを調べ、仮説を立て、インターネットや資料などで検証してみてください。

[正解] ウ

◎ 迷子にならない地図の見方

番地のルールを知れば
初めての町でもス〜イスイ

番地を頼りに目指したのに、いきなり数字が飛んで目的地に着けなかったなんて経験はありませんか。

Q **下は、東京都に実在する町の地図です。①〜㉑、㋐〜㋞は番地です。㋓、㋕、㋗、㋚の番地は何番でしょうか。**［難易度★★★］

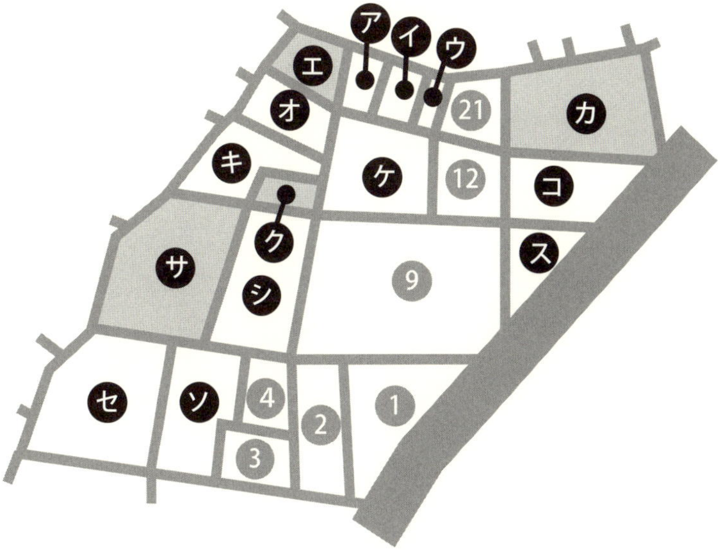

ハマる!

「番地」は、隣接した街区を一筆書きで
「号」は、街区を時計回りでグルリと一周

これは、学校では教えません（私は教えてもいいと思います。家庭訪問で迷うことがなくなりましたから）。

一般に、住所は下のように表します。

●●市　□□町▲丁目　◆番地　○号
町名　街区符号　住居番号

町名は川、道路、鉄道などで区切られます。**番地**（街区符号）は原則、一筆書きで連続するようにつけられます。**号**（住居番号）は、街区の角から時計回りに街区を一周するように、家からの道路の出口にふられます。

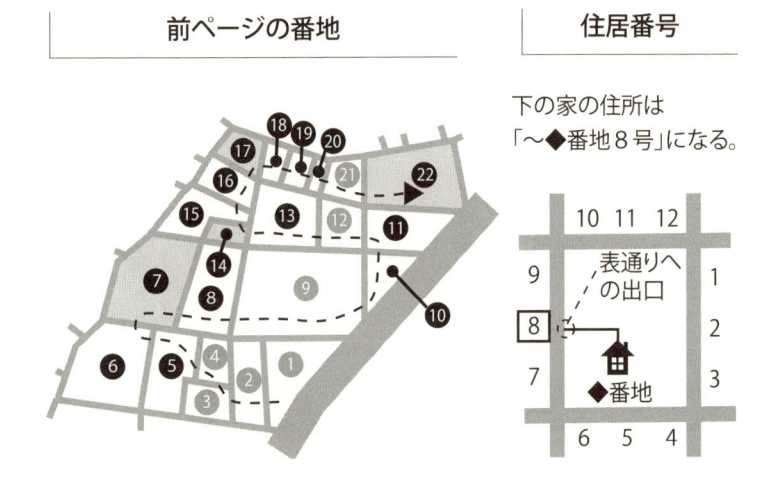

前ページの番地

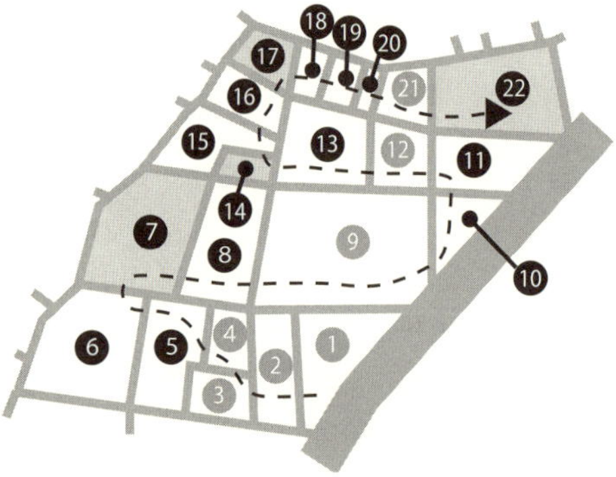

住居番号

下の家の住所は
「～◆番地８号」になる。

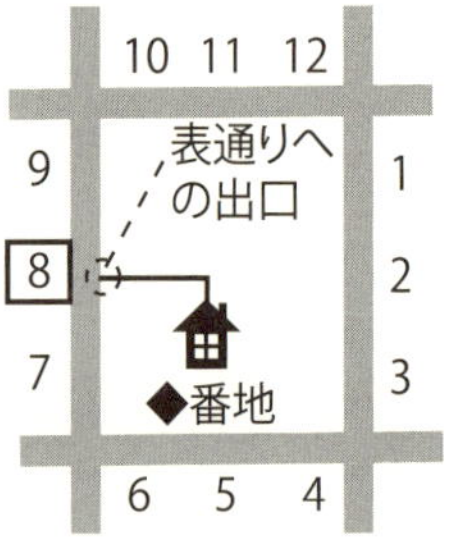

［正解］ エ・・17　カ・・22　ク・・14　サ・・7

Part 2

都道府県データで盛り上がる

◎ 都道府県をカタチで見極められるか!?

役に立たないけど楽しい！動物や人と関連づけると

地理マニアなら、こういうクイズが大好きなはず！

Q **次の形の都道府県名を①～㊼に書き、ア～コに入る言葉を下から選びなさい。**［難易度★★☆］

★ア～オの選択肢

エンゼルフィッシュ、クリオネ、金魚、テリア、ニワトリ

…… 犬のしぐさなど ……

右向きの犬

①

ア＿＿＿＿＿

②

子犬

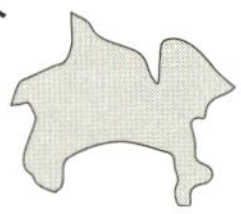

③

じゃれる犬

④

お座り!

⑤

…… 犬以外の生き物 ……

イ＿＿＿＿＿＿

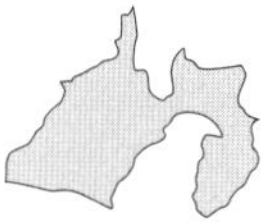

⑥

サイの頭

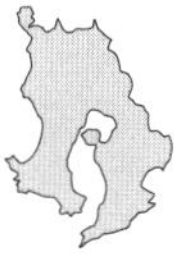

⑦

羽を広げた鳥

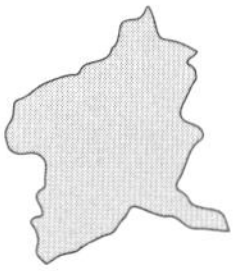

⑧

カニ

⑨

ウ＿＿＿＿＿＿①

⑩

ウ＿＿＿＿＿＿②

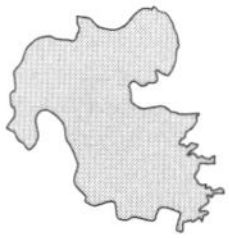

⑪

エ＿＿＿＿＿＿

⑫

クジャク

⑬

オ＿＿＿＿＿＿

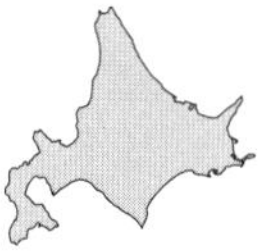

⑭

飛び立つタカ

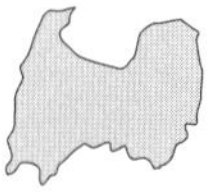

⑮

はばたく鳥

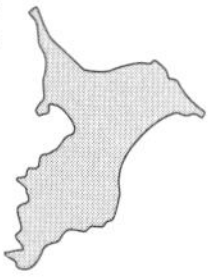

⑯

ナマコ

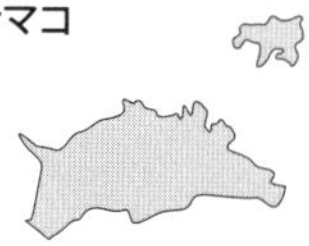

⑰

ワシの横顔

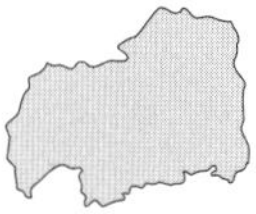

⑱

クマの横顔

⑲

さなぎ

⑳

★カ～コの選択肢

平たくしたアメリカ合衆国、モアイ、ヒール、首、サツマイモ

…… 人の横顔や動作など ……

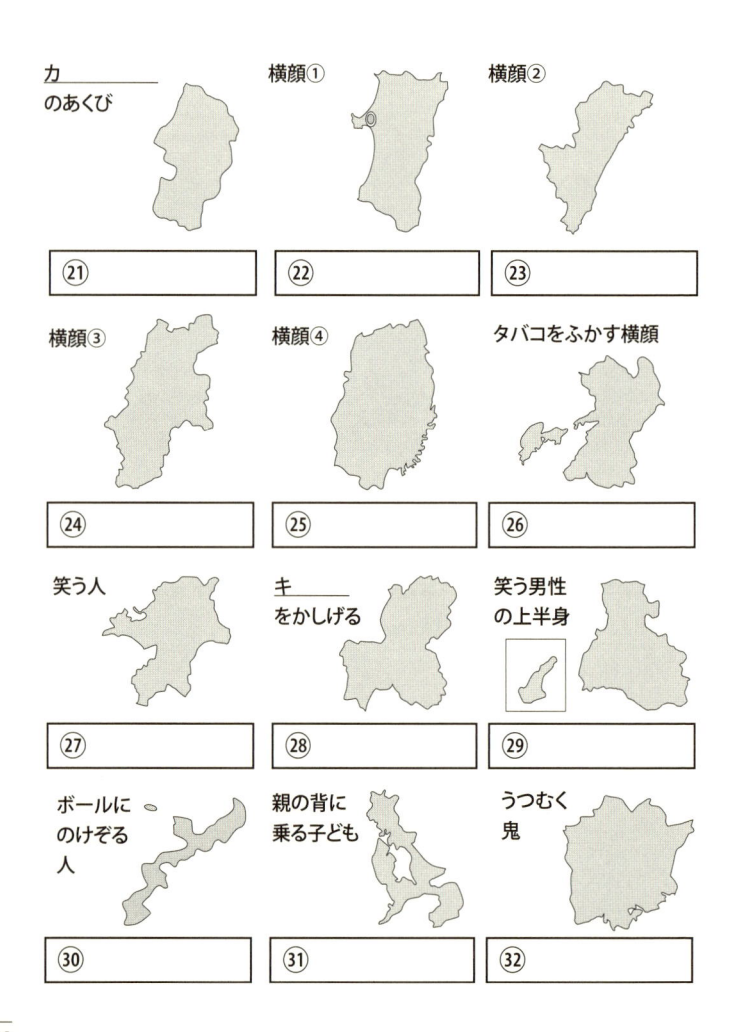

カ________
のあくび

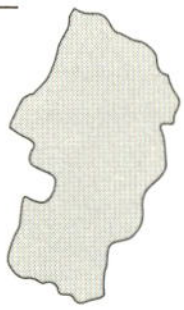

㉑

横顔①

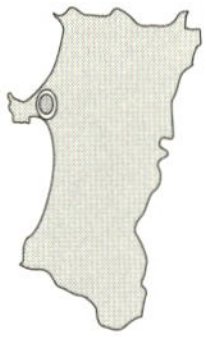

㉒

横顔②

㉓

横顔③

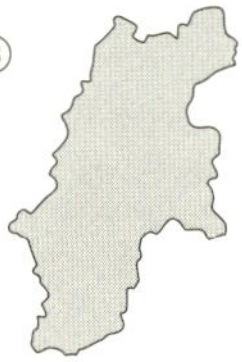

㉔

横顔④

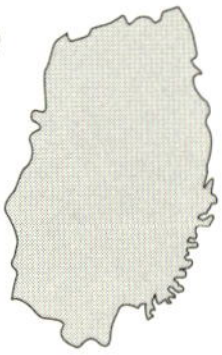

㉕

タバコをふかす横顔

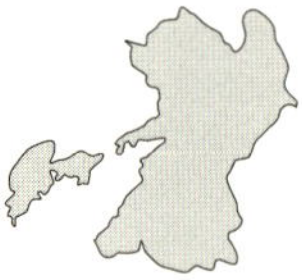

㉖

笑う人

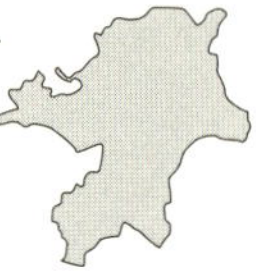

㉗

キ________
をかしげる

㉘

笑う男性
の上半身

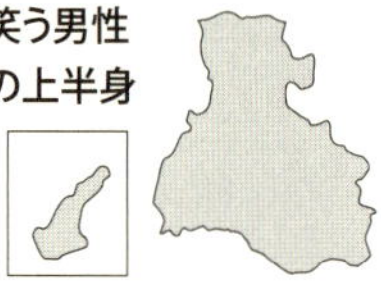

㉙

ボールに
のけぞる
人

㉚

親の背に
乗る子ども

㉛

うつむく
鬼

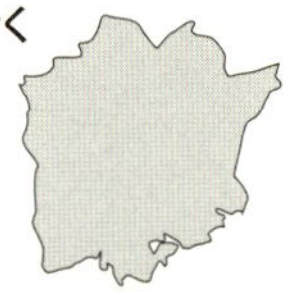

㉜

…… 食べ物 ……

つつみかけの
ギョウザ

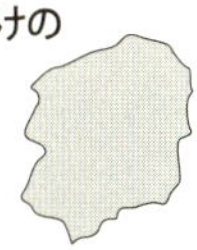

㉝

ク________

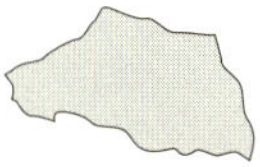

㉞

カボチャの
天ぷら

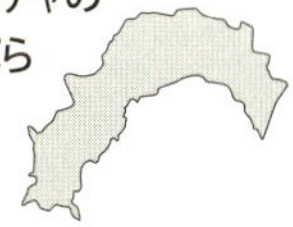

㉟

…… 物やほかの国 ……

山と斧

㊱

メの字

㊲

せんぬき

㊳

かぎ穴

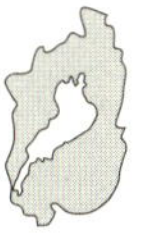

㊴

かぎ

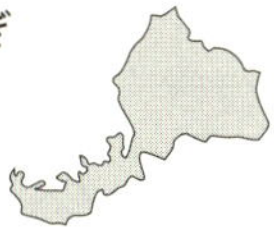

㊵

スニーカー

㊶

ケ________の
折れた
ハイヒール

㊷

あぶみ
(馬具)

㊸

ぶどう
の葉

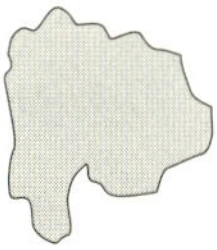

㊹

ゴジラ

㊺

オーストラリア

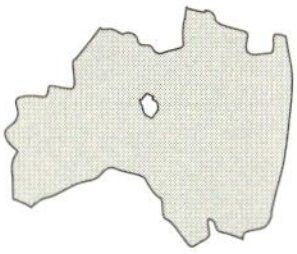

㊻

コ________

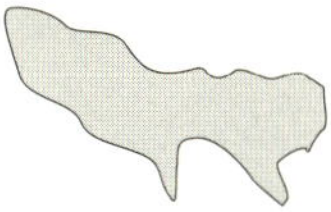

㊼

ハマる！

「名古屋県ってなかったっけ？」カタチで完答するのは至難の業！

スラスラわかったでしょうか。以前、電車でこんな会話を耳にしました。「名古屋県ってなかったっけ？」。大人でも47都道府県の場所と名前、ましてや**形を完答できる人はそうはいませんから、ご安心ください。**

このような学習では、笑いがある楽しい授業が展開できます。「かぼちゃのてんぷら」「うつむく鬼」と私が言えば、「なるほど」「ちょっと無理！」なんて、逆に採点されながら授業が進むことも。反対に子どもたちに想像させると、ユニークなイメージが次から次へと出てきます。

［正解］①鳥取県　②奈良県　③神奈川県　④愛媛県　⑤茨城県　⑥静岡県　⑦鹿児島県　⑧群馬県　⑨愛知県　⑩京都府　⑪大分県　⑫佐賀県　⑬宮城県　⑭北海道　⑮富山県　⑯千葉県　⑰香川県　⑱広島県　⑲徳島県　⑳島根県　㉑山形県　㉒秋田県　㉓宮崎県　㉔長野県　㉕岩手県　㉖熊本県　㉗福岡県　㉘岐阜県　㉙兵庫県　㉚沖縄県　㉛長崎県　㉜岡山県　㉝栃木県　㉞埼玉県　㉟高知県　㊱青森県　㊲三重県　㊳石川県　㊴滋賀県　㊵福井県　㊶山口県　㊷大阪府　㊸和歌山県　㊹山梨県　㊺新潟県　㊻福島県　㊼東京都

ア…テリア　イ…金魚　ウ…クリオネ　エ…ニワトリ　オ…エンゼルフィッシュ　カ…モアイ　キ…首　ク…サツマイモ　ケ…ヒール　コ…平たくしたアメリカ合衆国

◎ 都道府県名の真実にせまる①

動物漢字はあるのに無関係？　県名に隠された真実とは！

県名の問題を二つ！　一つ目は、正解の県の人なら常識？

Q **動物を表す漢字を含む県名のうち、その県名が本当に動物に由来する県は、どこでしょうか。答えの県名に含まれる動物を下のア～エから選びなさい。**［難易度★★☆］

ハマる!

苗字から、地形から、行政区分から 地名は、土地の歴史を伝えるメディアなのです

クマもん人気のせいか「熊本」は動物のイメージがよく表にでますが、クマモトは「コマモト」由来とするのが定説です。コマモトは「高句麗から来た人々の住む土地」の意味。コマは狛氏のコマ。有力な渡来人の苗字です。

「鹿児島」も動物とは無関係。火山灰と岩がゴロゴロしてい桜島の四方がガケのように見え、これが「カゴ」となまり、やがて島が「カゴ島」と呼ばれ、それが県名になりました。

「鳥取」は古代から水鳥を捕獲してきた部《べ》民《みん》「鳥取部（ととりべ）」が由来とされています。

「群馬」は藤原京（7～8世紀）の時代は「車」と呼ばれていました。車は当時の「郡」です。奈良時代になると、それを漢字二文字で表すこととされ、「群馬（くるま）郡」に改められたようです。「馬」はこの地方で馬が多く飼育されていたことと、古代、豊かさを象徴する生き物であったことに由来しています。

県名クイズが、実は地名にかくされた土地の歴史を訪ねる旅になってしまいました。**地名は汲めどもつきない泉のように、実に多くを教えてくれます**。あなたも、お住まいの土地の地名をお子さん、お孫さんと調べてみませんか。

［正解］ウ、エ

◎ 都道府県名の真実にせまる②

モリ、イバラ、トチノキ、…植物由来説のない県名は？

地名は漢字ではなく、読みで考えると、判断をあやまることが少なくなります。では、下の県はどうでしょうか。

Q　下で着色した県のうち、植物や植生に由来したいわれのない県名はいくつあるでしょうか。［難易度★★★］

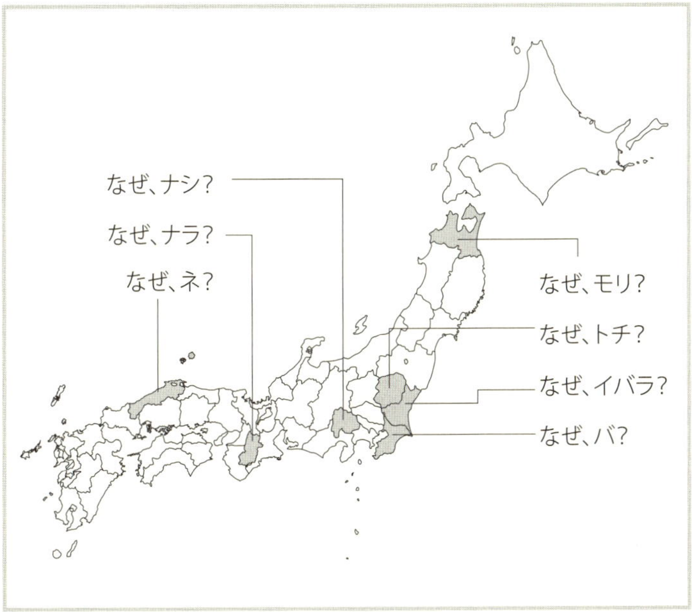
なぜ、ナシ？
なぜ、ナラ？
なぜ、ネ？
なぜ、モリ？
なぜ、トチ？
なぜ、イバラ？
なぜ、バ？

ハマる!

「島根」以外は植物や植生に由来するいわれアリ！「島根」が海岸線の特徴を表していたとは！

青森の「森」は、江戸時代に青森港から見える山に青い森があったことに由来するとされています。

茨城は、元になった郡名が、賊を討伐するためにイバラのの城を築いたことに由来するとされています。

栃木もしかり。最初に県庁が置かれた栃木町に由来し、その由来はトチノキがたくさん生えていたからとする説が有力です。神社のあった地名に由来するという説もありますが。

奈良は「ウリナラ」（朝鮮語の「ウリ」＝「私」、「ナラ」＝「都」。「私の都」という意味）に由来するというのが定説ですが、ナラノキが平城京あたりに茂っていたから、とする説も捨て去ることはできません。

山梨は果物のヤマナシが穫れたから、山をならして平地にした「山ならし」がなまったから、「山那智」がなまって、といった説があります。那智の意味は「山すそ」。八ケ岳や北岳の裾野というロケーションに由来しているのです。

千葉は「茅（ちがや）が生い茂る土地→茅生（ちぶ）→チバ」と、やはりこれも植物に由来する説が有力です。

島根は元々「島」「根」ともに「岩」の意味。ごつごつした岩が多い海岸線が長かったのが由来とされます。

［正解］　一つ（島根県）

◎ 県名クイズ［初級編］

特産品をヒントに
ひらがなでつなげて！

しりとりは子どもに大人気。都道府県名で遊びましょう。

Q　都道府県名（ひらがな）のしりとりクイズです。①～⑤の県名を答えなさい。［難易度★☆☆］

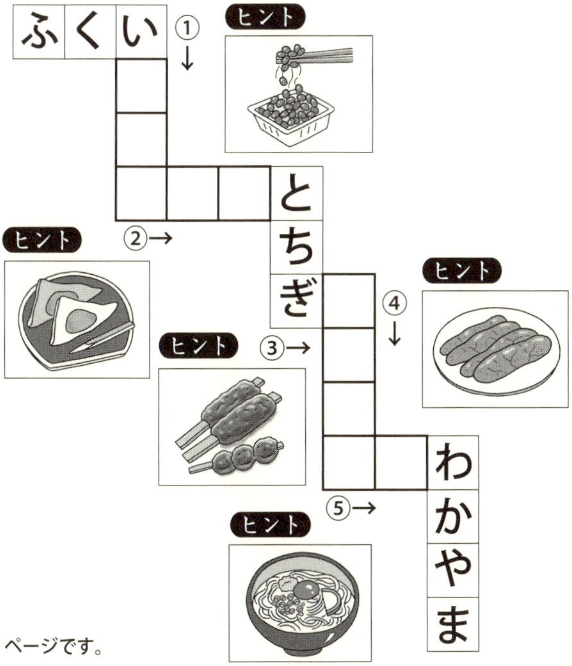

※答えは66ページです。

◎ 県名クイズ［中級編］

カステラ？　ちくわ？
たい焼？　それとも…

なぜ、◆だけ別格なのかも考えてくださいね。

Q　**右は、都道府県名をひらがなで上→下、下→上、左→右、右→左に読むクイズです。①〜⑧に入るひらがなを順に読むと、ア〜エのどれになりますか。◆は、すべて同じひらがなです。**［難易度★★☆］

ア「カステラとちくわ」

イ「たいやきとちくわ」

ウ「たいやきとコアラ」

エ「おにぎりとピーマン」

ヒント 下の形の県の名前が並べられています。

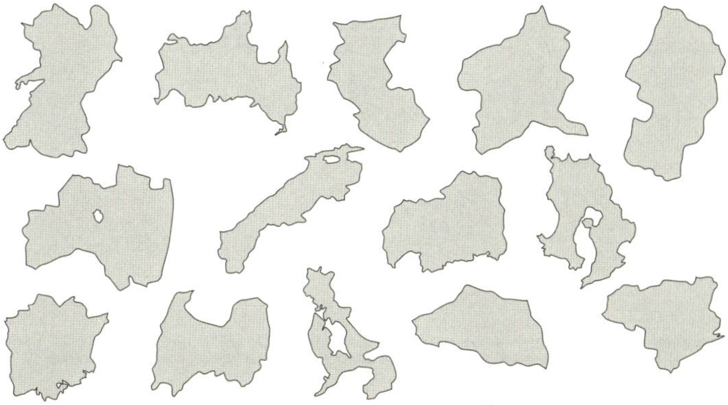

※縮尺は異なる。島嶼部は省略。

								⑧			
								か			
								③			
			⑦			お		◆	し	⑦	ふ
か	ご	し	◆	ね		か		ん			
			も			③	◆	ぐ	⑥		
			⑤	⑦	し	◆					
						が		④			
		ひ	ろ	し	◆	①	②	さ			
					③			が			
					⑤			な			

※答えは 66 ページです。

◎ 県名クイズ ［上級編］

ひらがなの都道府県名がつながらないのはどこ？

「ひょうご」などは「ひようご」で正解とします。

Q **右は、下で着色した都道府県名をひらがなで上→下（斜め下）、下→上（斜め上）、左→右、右→左に読むクイズです。着色した中で名前がつながらないところはどこですか。**［難易度★★★］

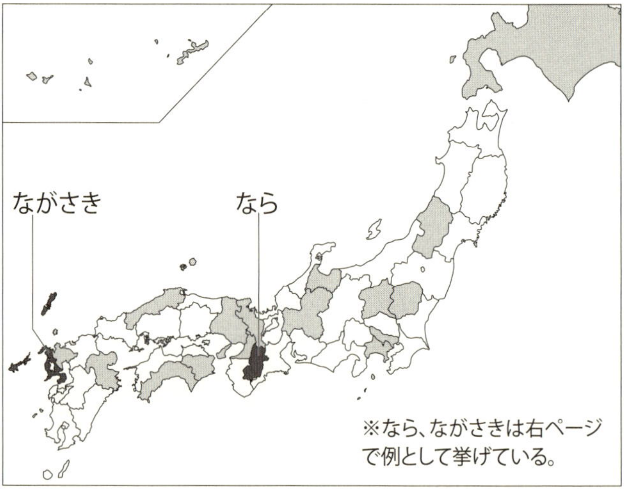

※なら、ながさきは右ページで例として挙げている。

下から上、
右から左でも
探さなくっちゃ!

い	ど	ま	ん	ぐ	ら	お
ふ	つ	や	わ	な	き	お
ぎ	ち	と	ち	が	う	さ
た	わ	く	う	さ	ご	か
い	が	し	こ	き	う	ほ
お	な	ま	と	う	よ	き
お	か	ね	や	か	ひ	う

ならと
ながさき、
見つけた!

※答えは 66 ページです。

〈61 ページ〉①の茨城県は「いばらき」と読み、「ぎ」とはにごりません。北茨城市（茨城県）、茨木市（大阪府）もそれぞれ「きたいばらき」「いばらき」と読みます。**ヒント**②は八つ橋、③は五平餅《ごへいもち》、④は辛子明太子でした。

［正解］〈61 ページ〉

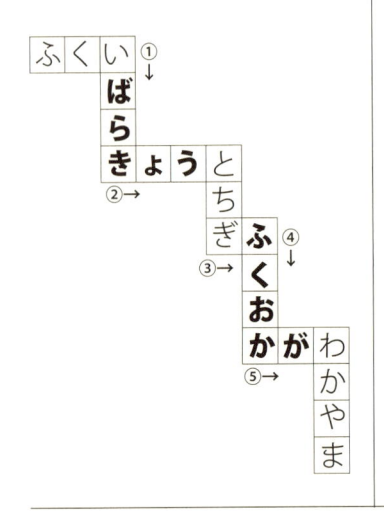

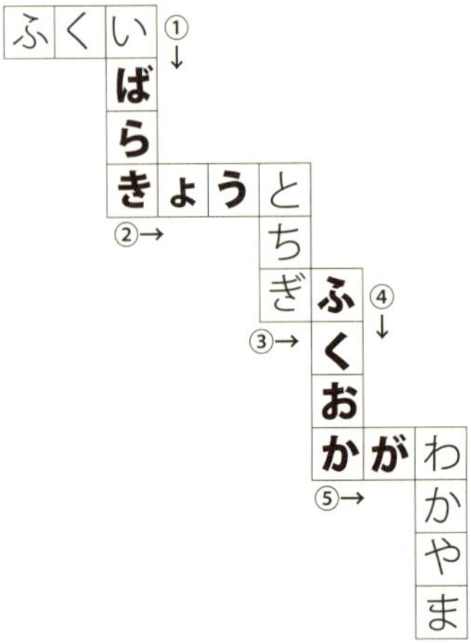

〈63 ページ〉イ（①た　②い　③や　④き　⑤と　⑥ち　⑦く　⑧わ）

◆は「ま」（間の抜けた設問）。

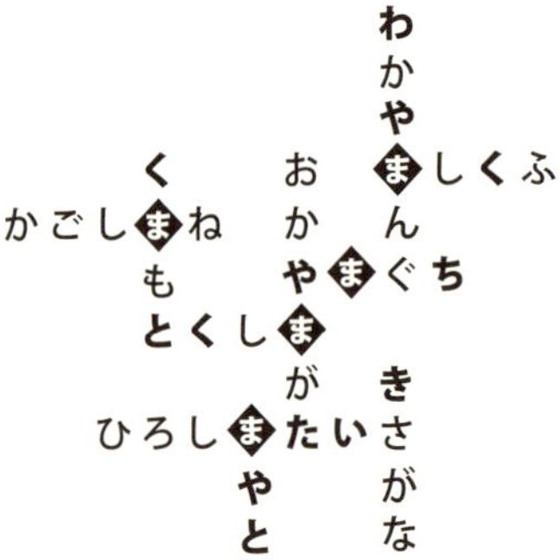

〈65 ページ〉

「ほつかいどう」

◎ 隣接県の落とし穴

二番目に隣接県が多いのは？隣は何をする県ぞ？

「○○県は隣接県が最も多い（8県）」は、地理授業の定番です。では、これはどうですか？

Q 下の図は、47都道府県の中で隣接都県が多い上位3つの県を含む地域のイメージ図です。下の設問で、それぞれ記号と都県名を答えなさい。［難易度★★☆］

（1）隣接県が二番目に多い県はいくつありますか。

（2）（1）の県に接していないのは、何県ですか。

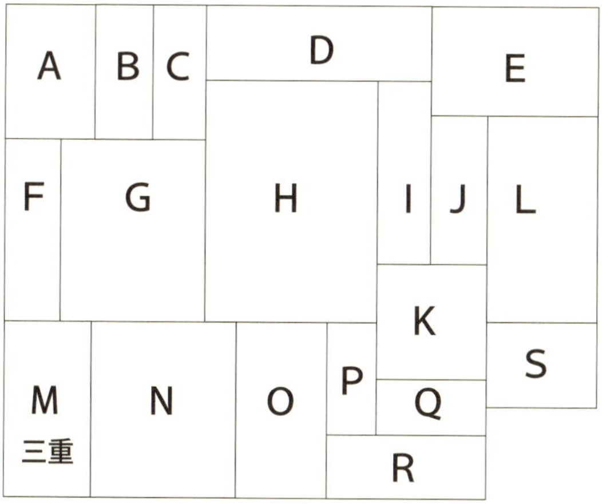

ハマる!

「わかったつもりでわかっていないこと」を改めて客観的に認知させる

この問題は想像力が必要で、都道府県の位置関係がわかっていないと答えられません。ですから**「わかったつもりだがわかっていないこと」をメタ認知（客観的に認知）させ、さらに学習意欲を喚起するときに有効な設問です。**

隣接県最多の県は８県と隣接するＨの長野県。二番目に多いのは、それぞれ７県、７都県と隣接するＧの岐阜県とＫの埼玉県です。

ふだんは隣接県など、考えることはありませんよね。でも、新幹線に乗車された折などには想像してみるのもよいかもしれません。「富士山の向こうは山梨県。その向こうは……、アレ？」。旅情を味わうと同時に、頭の体操にもなります。

［正解］（1）二つ（G…岐阜県、K…埼玉県）（2）新潟県、福島県、静岡県、神奈川県

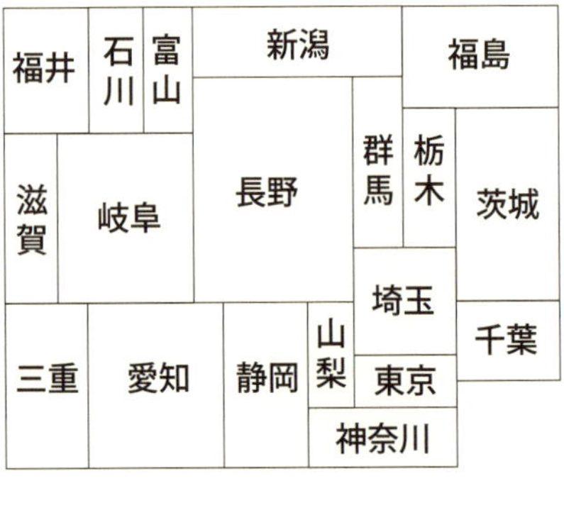

◎ 1位と47位から都道府県をズバリ！ [生活編]

パソコン普及率全国トップで一人暮らし率が最低の県は？

各県の特徴が表れる1位と47位のデータを選びました。

Q **表のア～オはどの都府県ですか。下から選びなさい。**

[難易度★☆☆]

	1位	47位
ア	核家族率 ひとり暮らし率	農業就業人口 自動車普及率
イ	生活保護受給率 在日韓国朝鮮人数	森林面積率 ゴミのリサイクル率
ウ	パソコン・ピアノ普及率	ひとり暮らし率　コンビニ店舗数
エ	ソース消費量	アジア人観光客の比率
オ	全国学力テストの成績	小学生の携帯電話所有率

秋田県　東京都　大阪府　奈良県　広島県

ヒント　**ウ**…高学歴で、家族と暮らす？

エ…欧米人の観光客比率は1位。世界遺産が2件。

オ…自宅学習の成果？

ハマる!

1位と47位からわかる地域の暮らし 塾に行かずに学力をつける秋田県

中学校では、このようなランキングデータは多くの場合「日本の地理学習のまとめ」の授業などで扱います。既習の知識や都道府県のイメージからグループごとに考え、発表すれば理解度が深まるからです。

授業では**ア**のように、最初に最もわかりやすい問題をおくのがコツです。最初からわかりにくいと、生徒は簡単にギブアップしてしまいますから。

アの1位からは少人数・単身の世帯が多い地域、47位からは緑の畑地が少なく多くが公共交通機関で移動する大都会のイメージが浮かび上がります。

イでは「重要犯罪認知件数」「殺人事件被害者数」「児童虐待相談対応件数」もすべて1位です。課題が山積した社会で子どもたちが生きている現実が想像されます。

ウの1位からは「家庭環境が豊かな」県のイメージが想像されます。「ひとり暮らし率47位」もひるがえって考えると、家庭だんらんや、親元から通う暮らしのイメージに結びつきます。

エの「ソース消費量1位」は「お好み焼き王国」ゆえの記録でしょうか。「観光客全体に対するアジア観光客数比率47位」は、生徒が言うように「過去に侵略されたアジアの国々は『日本の平和』の象徴として語られる原爆ドームにアレルギーがある」「非アジア圏の国からの観光客が多い」という二つの説が当たっているかもしれません。

データを確認すると、アジア人観光客比率の高い都道府県１位は、熊本県（91.5％）。**エ**は、県内にもうひとつある世界遺産（厳島《いつくしま》神社）の人気ともに、外国人観光客全体では常に人気上位の県にランキングされ、欧米人の観光客比率は１位（78.3％）です。

オは、公立小中学校の全国学力テスト・全教科の正答率が１位。なのに、実は「小中学生通塾学率」47位というデータもあります（ともに2013年）。通塾せずとも学力が上げられる一例として考えてよいのではないでしょうか。**オ**の県では、塾に行かず、携帯電話を持たずとも、家庭での学習習慣が学力上位を支えているのかもしれません。**読み方しだいで、データはいろいろなことを想像させてくれます。**

［正解］ア… 東京都　イ…大阪府　ウ…奈良県
エ…広島県　オ…秋田県

◎ 1位と47位から都道府県をズバリ！［品目編］

ホント？　ラーメン店の数日本一は□□県だった!!

前項を解いてご理解いただけたように、**都道府県の特徴はさまざまな項目の全国順位1位と47位のランキングデータから想像することができます。**

たとえば、東京都は、1位と47位のデータが目白押しです。

特徴的な1位だけでも「サラリーマンの年収」「海外旅行者の数」「外国人観光客の訪問者率」「外国車の普及率」「家賃」「携帯電話の契約数」「婚姻件数」「30代男女の未婚率」「ビールの消費量」「スポーツクラブの数」「スターバックスコーヒーの店舗数」など、文字どおり枚挙にいとまがありません。

では「47位」はどうでしょうか。こちらも「生乳の生産量」「キャベツの生産量」などは当然として「兄弟姉妹の数」「子育て世帯の数（人口比）」「持ち家の住宅敷地面積」「介護老人保健施設の定員（人口比）」「再生可能エネルギーの自給率」とキリがありません。この両極から考えるだけで、東京都での生活や社会の有様を想像することができます。

さて、次は難問ぞろいです。電車の中で読まれている方は乗り過ごさないようにご注意を～。

Q **下の10道県の1位と47位を示した表のア～コに入る品目を、下から選びなさい。**［難易度★★★］

平均寿命（男女）、ワイン消費率、トマト生産量、別荘数、漁獲量、バイク・スクーター普及率、ラーメン店舗数（人口比）、餃子《ギョウザ》消費量、離婚件数、共働き率

	1位	47位
北海道	コンビニ店舗数	**ア**
山形県	**イ**	核家族率
栃木県	**ウ**	ケチャップ消費量
富山県	昆布消費量	**エ**
山梨県	**オ**	ミスタードーナツ店舗数
青森県	大根生産量	**カ**
埼玉県	自転車保有台数	**キ**
福井県	**ク**	30～50代の女性未婚率
愛知県	工業生産額	**ケ**
熊本県	**コ**	飲食店店舗数

ヒント

ア…乗れない季節が長すぎて？

エ…幸福度日本一のデータも。

カ…悲しいけれど。

ク…働き者なのです。

コ…○○○ケチャップも日本一の出荷額。

ハマる!

ア、ウ、オ、キ、クは地理的特徴や特産品などから推察残りは、選択肢から考えるべし

アは「バイク・スクーター普及率」。道路の凍結期間の長い北海道では需要が低いのでしょう。

ウは「餃子消費量」でしょう。宇都宮の餃子は日中戦争の帰還兵がその手法をもちかえったのが端緒とされています。

オは、山梨県→ぶどう→「ワイン消費率」。

キは、海がないのですから「漁獲量」でキマリ。

クは「共働き率」。福井県の共働き率は全国平均の44.4%に対して58.2%と全国1位。福井県は人口10万人あたりの「社長輩出数」が全国1位というデータがあるように、地域経済が発展しているのもその理由かもしれません。

コは、ヒントから「トマト生産量」とわかります。

残りは反対に、選択肢から考えましょう。

「別荘数」は、都会なのに観光地が多くない愛知県。

「平均寿命」は、脳卒中などの死因を想像すると、この都道府県の中で気候が寒冷な地域を選ぶのが妥当です。

イが「ラーメン店舗数(人口比)」になった理由としては「来客をラーメンでもてなす習慣」や「田んぼや畑まで出前してくれるサービス」があったことなどが挙げられます。

[正解] ア…バイク・スクーター普及率　イ…ラーメン店舗数　ウ…餃子消費量　エ…離婚件数　オ…ワイン消費率　カ…平均寿命(男女)　キ…漁獲量　ク…共働き率　ケ…別荘数　コ…トマト生産量

◎ 東北・北海道7道県…❓と❗の1位オンパレード

第1次産品の1位がズラリ □□県はイクメンが多い！

子どもは地図帳を使い「何か」を探す作業が大好き。**北海道・東北地方には、農作物や漁獲量が1位の品目が多くあります。**授業では「誰がいちばん多く1位の品目を探せるかな？」と質問し、探しだした「ジャガイモ」「サケ」などを順次、白地図に記入させると、北海道・東北地方の各地域の特色がよくわかります。

とはいえ、これは本書では再現できません。そこで、以下100ページまでは、大人のみなさまの興味に沿う話題も選びました。東北・北海道では「夫の育児時間が全国で一番長い」□□県、「ラーメン店舗数（人口比）が日本最多」の○○県というトピックも用意しています。

Q　次の［①］～［㉗］に入る言葉を下の選択肢から選びなさい。［難易度★★☆］

［選択肢］初婚　松島湾　イクメン　田沢湖　３世代　米沢　ハワイアンズ　奥羽《おうう》　政宗　運河　サケ　ホップ　津軽海峡　阿寒《あかん》湖　朝食　知床　ドイツ　北上川　ホヤ　ラーメン　青函トンネル　サロマ湖　湖　降雪量　ハワイアンセンター　ひとり暮らし　摩周《ましゅう》湖

★北海道　故郷の川に秋に戻る［①　　　］の漁獲量１万98トンは2012年の日本一。根室半島と［②　　　］半島に挟まれた標津《しべつ》は水揚げナンバー１の漁港として知られる。

霧の［③　　　］、マリモの［④　　　］、日本で３番目に大きい［⑤　　　］など［⑥　　　］の数51は日本一。

★青森県　年間［⑦　　　］（669㎝ 1981年～2010年の平年値）は日本一。２位は北海道で597㎝。新潟県は217㎝。

石川さゆりの「⑧　　　・冬景色」で有名な⑧を貫通する長さ53.85㎞の［⑨　　　］は長らく世界最長だったが、2010年にスイスの鉄道トンネル（57㎞）にその座を奪われた。

★岩手県　ビールの原材料［⑩　　　］の生産量109トンは日本一（2009年）。冷涼な気候が生産に適しているため。

ちなみに、生産量世界一の国はやっぱり［⑪　　　］。

小中学生の［⑫　　　］摂取率はナンバー１！（97.2％・2012 年）。２位以下は秋田県、山形県、島根県。

★秋田県　［⑬　　　］が多い？　６歳未満の子どもがいる家庭で、夫が１週間に育児をする時間が日本一の県（67 時間・2011 年）。最短は和歌山県の 23 時間／週。

［⑭　　　］山脈に位置する日本百景の一つ［⑮　　　］の水深 423.4 m は日本一。２位は北海道の支笏《しこつ》湖 360.1 m。

★宮城県　戦国大名・伊達［⑯　　　］によって造成された貞山《ていざん》［⑰　　　］は阿武隈《あぶくま》川から［⑱　　　］を経て延び、旧［⑲　　　］を結ぶ。⑰の長さ 46㎞は日本一だ。

珍味として知られる［⑳　　　］の養殖漁獲量 8,986 トン（2009 年）とカジキの漁獲量（同）も日本一。

★山形県　［㉑　　　］大好き。㉑にかける年間支出（１万 1,761 円・2011 年）が日本一。［㉒　　　］㉑も有名。㉑の人口 10 万人あたりの店舗数（約 37 店）も日本一だ。

大家族が多い。2.94 人 / 世帯（2010 年）も、［㉓　　　］同居率 21.5％（2010 年）も日本一！　当然、［㉔　　　］の 23.2％は日本一少ない（2010 年）。

★福島県　映画「フラガール」の舞台。昭和 41 年、いわき市に常磐［㉕　　　］の名でオープン。現在のスパリゾート［㉖　　　　］の露天風呂面積（1,000㎡）は世界一の広さ。
福島県女性の［㉗　　　　］年齢は日本一若い27.9歳（2010年）。全国平均は28.8歳。

［正解］①サケ　②知床　③摩周湖　④阿寒湖　⑤サロマ湖　⑥湖　⑦降雪量　⑧津軽海峡　⑨青函トンネル　⑩ホップ　⑪ドイツ　⑫朝食　⑬イクメン　⑭奥羽　⑮田沢湖　⑯政宗　⑰運河　⑱松島湾　⑲北上川　⑳ホヤ　㉑ラーメン　㉒米沢　㉓３世代　㉔ひとり暮らし　㉕ハワイアンセンター　㉖ハワイアンズ　㉗初婚

※総務省「家計調査」による県庁所在地の数値を県のデータとした項目もあります（以下、98ページまで同じ）。

◎ 関東8都県… ?と!の1位オンパレード

都内で住民登録ゼロの町が!?
日本で一番教育費を払う県は?

関東地方は「地域の結びつき」を学ぶのに最適の教材です。 茨城県の［①　　　　］や栃木県の［⑤　　　　］は大都会に近いゆえの産物であること、あるいは「東京には住民登録がゼロの町がある（千代田区大手町二丁目・霞ヶ関一丁目など）」「104に電話すると沖縄県の電話局に通じる」といった事例を挙げ、ヒト・モノ・情報の流れとその理由を、地図を使いながら生徒に考えさせます。

もちろん、これだけで関東地方を語ることはできません。「1世帯あたりの［⑪　　　　］普及率1位」の群馬県や、「子どもにかける年間の［⑭　　　　］1位」の埼玉県など「知られざる1位」も並びます。

Q **次の［①］～［㉗］に入る言葉を下の選択肢から選びなさい。**［難易度★★☆］

［選択肢］インターネット　しゅうまい　食事　ブドウ　自動車　河川　利根川　本州　無尽会《むじんかい》　日照時間　イチゴ　かんぴょう　教育費　イセエビ　外房　犬吠埼《いぬぼうさき》　婚姻率　メロン　芝生　筑波山　とちおとめ　壬生《みぶ》　運転免許証　だるま　高崎　ワイン　パソコン

★茨城県　意外！　1世帯あたりの［①　　　］の年間消費量日本一（10.772kg・2012年）は年間18トン（2011年）という日本一の生産量ゆえ。2位は消費量、生産量ともに北海道。

ゴルフ場の需要を支えてきました。［②　　　］の生産量が日本一（栽培面積3,900ha・2009年）。県のシンボル［③　　　］南西の平地で昭和30年代から生産を開始。

★栃木県　［④　　　］ブランドで有名な［⑤　　　］の生産量（2万7,200トン・2012年）は44年連続日本一。

カッパと並ぶ巻き寿司の定番［⑥　　　］巻き。その⑥の生産量（382トン・2012年）は国内生産の95%を独占。江戸時代に［⑦　　　］町で栽培されたのが最初と言われている。

★群馬県　合格祈願など願いごとに重宝される［⑧　　　］の年間生産量 90 万個（2011 年）は日本一。［⑨　　　］市の少林山《しょうりんざん》達磨《だるま》寺《じ》で 200 年ほど前に作られたのが始まり。

一家に 2 台も当たり前。県民の［⑩　　　］保有率は堂々日本一（68.6％）。［⑪　　　］の普及率 93.9％（世帯あたり）も日本一（2009 年）。

★埼玉県　県土に占める［⑫　　　］の面積の割合（3.9％）は日本一。［⑬　　　］、荒川など水資源に恵まれている。

子どもの［⑭　　　］年間 30 万 1,580 円（2012 年）は 2 位・東京都の 22 万 4,082 円に大差をつけて堂々の 1 位だ。

★千葉県　［⑮　　　］の漁獲量（213 トン・2010 年）。三重県に対抗し［⑯　　　］⑮のブランド化に力を入れている。

［⑰　　　］で最も早い初日の出なら、関東最東端に位置する［⑱　　　］（6 時 46 分ごろ）。

★東京都　都会は結婚しやすい？　人口 1,000 人あたりの［⑲　　　］は東京都が 6.9 人（2012 年）で日本一（離婚率は第 5 位）。全国平均は 5.3 人。最低は秋田県の 3.8 人。

1 世帯あたりの［⑳　　　］の消費量は 6.48 ℓ で日本一（2012 年）。レストランが多いから当然の結果？

★神奈川県　ＩＴ先進県！［㉑　　　］普及率 76.7％は一家に一台に迫る勢い（2009 年）。スマートフォンも含めた

［㉒　　　］利用率も日本一（87.5％・2011年）だ。

いまや「横浜の味」となった［㉓　　　　］の1世帯あたり年間購入額2,564円（2012年）は全国平均の2倍以上。

★山梨県　1日の［㉔　　　］時間106分（2012年）は日本一。この県でよく見られる仲間同士の親睦と相互扶助の集い［㉕　　　　］の影響か。

1年の［㉖　　　　］2,177時間（2010年）は全国平均1,874時間を大きく上回り日本一。［㉗　　　］やモモなどフルーツの生産量1位を支える見えない主役だ。

［正解］　①メロン　②芝生　③筑波山　④とちおとめ　⑤イチゴ　⑥かんぴょう　⑦壬生　⑧だるま　⑨高崎　⑩運転免許証　⑪自動車　⑫河川　⑬利根川　⑭教育費　⑮イセエビ　⑯外房　⑰本州　⑱犬吠埼　⑲婚姻率　⑳ワイン　㉑パソコン　㉒インターネット　㉓しゅうまい　㉔食事　㉕無尽会　㉖日照時間　㉗ブドウ

◎ 中部・北陸８県…❓と❗の１位オンパレード

電車の色と特産品に関係が!?
喫茶店を一番使う県は？

地理に限らず記憶したいことは、身の回りのものと関連づけて学習すると定着率も高くなります。たとえば、静岡県の特産品であるお茶とみかんは、以下のように教えます。

「東海道本線を走っているＪＲの普通列車の色は？」

「緑とオレンジ！」（鉄道マニアの生徒）

「なぜ、緑とオレンジか、知っていますか。実はこの２色は、静岡県特産品であるお茶の緑とみかんのオレンジを表現しているのです」（諸説あり）

これなら、生徒は小さな驚きとともに、静岡県の特産品をすんなり覚えられます。

Q　**次の［①］～［㉘］に入る言葉を下の選択肢から選びなさい。**［難易度★★☆］

［選択肢］関《せき》　シベリア　緑茶　Jリーガー　加賀　モーニング　喫茶店　自殺者　鎌倉　平均寿命　華道　めがね　刃物　雷　恐竜　勝山　茶　バラ　アサリ　持ち家　清酒　日本海　米菓　サッカー　サンプル　雨天　内陸性　火災発生数

★新潟県　一人あたりの［①　　　　］消費量14.3ℓ（2010年）が日本一。①消費量は米どころで雪深い［②　　　　］側で多い。

子どもも大人も大好きな［③　　　　］の出荷額（1,723億円・2010年）は日本一。官民一体の取り組みが功を奏した。

★長野県　［④　　　　］気候の影響？　実は［⑤　　　　］が日本一少ない（30.6日／年）。最多は石川県の80.6日だ。

男80.88歳、女87.18歳（2010年）で［⑥　　　　］日本一の長寿県。がんの死亡者や［⑦　　　　］も少ない。

★富山県　家を持つならココ？　78.3％の［⑧　　　　］率は秋田県と同率1位（2010年）。住宅延べ面積も日本一。

用心深い県民性なのか、［⑨　　　　］は人口1万人あたりのは2.01件で全国最少の記録（2010年）だ。

★石川県　日本最多、年間42.4日も［⑩　　　　］が発生する（1981～2010年の平均）のは［⑪　　　　］からの寒気の影響だ。意外なことに、夏場より冬場に多いという。

［⑫　　　　］百万石の名残？　茶道、［⑬　　　　］をたしなむ人の割合が、ともに日本一多いとする報告がある。

★福井県　歴史を誇る地場産業。［⑭　　　　］とサングラスの出荷額15億7,900万円は全国シェアの62％（2010年）。

史上最大の生物［⑮　　　　］の化石点数、約3,500点は日本1位。［⑯　　　　］市などで国内の80％が発掘される。

★岐阜県　主に［⑰　　　　］市で生産され世界的ブランド力をもつ［⑱　　　　］の出荷額は319億円（2010年）で日本一。

［⑲　　　　］時代からの伝統をもつ。

「おいしそうな」見た目から外国人観光客のお土産としても人気の食品［⑳　　　　］の全国シェアは約60％。

★静岡県　みかん！　うなぎ！　そして［㉑　　　　］の一大産地。1世帯あたりの［㉒　　　　］の年間消費量も2,004g（2012年）で日本一。2位の京都は年間1,801gを消費。

さすが［㉓　　　　］王国！　［㉔　　　　］の出身数は日本一（84人・2009年）。2位は鹿児島県の27人。

★愛知県　実は第一次産業もさかん。[㉕　　　]などの花卉《かき》の産出額、養殖[㉖　　　]の出荷も全国1位だ。

待ち合わせも[㉗　　　]が多い？　㉗で使う年間の飲食代は1世帯あたり約1万200円（2010～2012年の平均）。トーストと卵の[㉘　　　]セットも有名。

[正解]　①清酒　②日本海　③米菓　④内陸性　⑤雨天　⑥平均寿命　⑦自殺者　⑧持ち家　⑨火災発生数　⑩雷　⑪シベリア　⑫加賀　⑬華道　⑭めがね　⑮恐竜　⑯勝山　⑰関　⑱刃物　⑲鎌倉　⑳サンプル　㉑茶　㉒緑茶　㉓サッカー　㉔Jリーガー　㉕バラ　㉖アサリ　㉗喫茶店　㉘モーニング

◎ 近畿7府県…?と!の1位オンパレード

なぜ滋賀県に工場が進出？高校生の現役進学率1位は？

小中学生向けの地図帳は、実に使えます。たとえば、滋賀県の県内総生産に占める［④　　　　］の割合は日本一です。地図帳を開くと、栗東《りっとう》市、草津市、東近江《ひがしおうみ》市、大津市などで機械工業がさかんなことがわかります。主品目は電器機械や自動車です。

調べると、大阪から移転してきた会社が多いことがわかります。そこで「なぜ、滋賀県南部に移転してきたのか」と生徒に問いかけ「地価が安い→工場が作りやすい」「鉄道と高速道路網が発達し、大阪まで近い→流通に便利」と説明します。

私はつねに、生徒に「なぜ？」と疑問を抱かせる授業を心がけています。

Q　**次の［①］～［㉕］に入る言葉を下の選択肢から選びなさい。**［難易度★★☆］

［選択肢］酒米　バケツ　伊勢　バームクーヘン　愛知　国宝　舗装　たこ焼き　生駒《いこま》　豊臣秀吉　パン　南高梅《なんこうばい》　エビ　尾鷲《おわせ》　進学率　海女《あま》　明石焼き　文化遺産　梅　面積　淀川　山田錦　電機　第二次産業　新聞（日刊紙）

★滋賀県　琵琶湖の［①　　　　］は淡路島の1.1倍、約67万km^2で日本最大。琵琶湖から大阪湾に流れでる川は瀬田川、宇治川、［②　　　　］と名前を変える。

機械や［③　　　　］メーカーの工場が多く、県内総生産に占める［④　　　　］の割合は日本一の42.6％（2010年）。

★三重県　［⑤　　　　］をひっくり返したような雨で知られた［⑥　　　　］の日降水量日本一は一昔前の話。今は高知県魚梁瀬《やなせ》（851mm）、奈良県日出岳《ひでがたけ》（844mm）に続く3位の806mm。

［⑦　　　　］や志摩の海でアワビ、サザエ、海藻などを採る［⑧　　　　］は978人（2011年）で最多。全国で現役の⑧はおよそ2,200人とされる。

★京都府　古都にふさわしく、［⑨　　　　］と重要文化財に指定された建造物数が293件で日本一。多くがユネスコの世界［⑩　　　］に登録されている。

「学生の町」でもある京都では高校生もよく勉強するようで、大学などへの現役［⑪　　　］が日本一（66.4%・2012年度）。２位は東京（65.7%）。

★奈良県　奈良県民はニュースが好き？　県内で発行されている1世帯あたりの［⑫　　　］部数は1.3紙（2009年）と日本一。全国平均は0.95紙。

［⑬　　　］もたしなんだ茶道で、茶を点《た》てるのに欠かせない茶筅《ちゃせん》の生産量は全国の９割を占める。室町時代からの伝統の技を継承する［⑭　　］市高山産が有名。

★和歌山県　酒にしてよし、干してよし。［⑮　　　］の収穫量は全国の61%を占める５万5,000トン（2012年）。

［⑯　　　］は特に、全国的に知られている。

　日本人の大好きな［⑰　　　］の1世帯あたりの消費量が日本一！（3.391kg／年・2012年）。意外と少なかったのが、⑰フライで有名な［⑱　　　］県の消費量1.869kg。

★大阪府　全国平均の27%、東京都の63.9%を抜いて、堂々日本一は、65.7%という道路［⑲　　　］率（2012年）。

　おやつ、おつまみ、夜食にもこれ。［⑳　　　］・お好み焼き・焼きそばの店舗数は合計約3,500店（2009年）で、見事日本一。２位は［㉑　　　］で知られる、おとなり兵庫県。

★兵庫県　ユーハイム発祥の［㉒　　　］など洋菓子の人気が高い兵庫県。主食も［㉓　　　］が多いのか、1世帯あたりの消費量は年間およそ64kgと日本一だ（2012年）。

日本酒の原料にされる［㉔　　　］の出荷量が日本一（1万8,932トン・2011年）。ブランド米として名高い［㉕　　　］の出荷量も1万5,227トンと日本一だ（2011年）。

［正解］①面積　②淀川　③電機　④第二次産業　⑤バケツ　⑥尾鷲　⑦伊勢　⑧海女　⑨国宝　⑩文化遺産　⑪進学率　⑫新聞（日刊紙）　⑬豊臣秀吉　⑭生駒　⑮梅　⑯南高梅　⑰エビ　⑱愛知　⑲舗装　⑳たこ焼き　㉑明石焼き　㉒バームクーヘン　㉓パン　㉔酒米　㉕山田錦

◎ 中国・四国9県…?と!の1位オンパレード

中国・四国で社会の変動を学ぶ 高知県民の□□□消費量は？

統計数字の裏にある「社会の変動」を考えさせるよい例となるのが、中国・四国地方です。明治初期の府県別人口の問題（3章）やスタバ進出（4章）で挙げるように、鳥取・島根県などの日本海地域はまさに時代の波に大きく洗われ、変貌しつづけてきた地域です。

現代と関連づけても、グレープフルーツの輸入自由化や産地間競走と戦いつづける愛媛県のみかん、時代のニーズに合わせた新しい商品開発を進める岡山県の［⑩　　　］出荷額日本一や愛媛県の［㉖　　　］タオルなど、学ぶべき事例には事欠きません。

Q 次の［①］～［㉙］に入る言葉を下の選択肢から選びなさい。［難易度★★☆］

［選択肢］天然記念物　路面電車　土渕《どふち》海峡　しじみ　中海《なかうみ》　温州《うんしゅう》　佐藤栄作　今治《いまばり》　釣り　ぼたん　いよかん　ぶどう　綿花　長州　らっきょう　白桃　交通事故　カレールウ　総理大臣　秋吉台　生かき　すだち　薬剤師　うどん　伊藤博文　かつお　100歳以上　学生服　青森県

★鳥取県　世帯あたりの［①　　　］の消費量は年間2.012kgで日本一（2012年）。［②　　　］の生産量が多いから？

［③　　　］死者数が全国最少の30人／年（2012年）。

★島根県　21年間、不動の1位を誇った［④　　　］漁獲量は2011年に［⑤　　　］に抜かれ2位になってしまった。

［⑥　　　］に浮かぶ大根島で栽培される［⑦　　　］の出荷量が180万本で日本一。白や赤の花弁があざやかだ。

★岡山県　くだもの王国おかやま！　桃太郎伝説の古里よろしく、岡山［⑧　　　］の代表格・清水⑧の生産量は日本一（2,110トン・2010年）。［⑨　　　］の生産も多い。

あなたのお子さんの［⑩　　　］も岡山産だったかも？

昔は足袋《たび》の名産地、今は⑩の出荷額が日本一（約 397 億円・2010 年）だ。

★**広島県**　市民の足として今も大活躍の［⑪　　　　］の車両数が 135 両（2010 年度）で日本一！　２位は長崎市（78 両）。

海のミルク＝［⑫　　　　］(殻つき）収穫量が日本一（10 万 7,320 トン・2010 年)。２位は宮城県（4 万 1,653 トン）。

★**山口県**　明治維新の立役者［⑬　　　　］藩の伝統か。初代の［⑭　　　　］からノーベル平和賞の［⑮　　　　］、安倍晋三に至るまで［⑯　　　　］の輩出数８名は日本一。

日本一のカルスト台地［⑰　　　　］、名勝の須佐《すさ》湾など、国指定の［⑱　　　　］（特別を含む）の数が 43 件で日本一。

★**徳島県**　サンマには、これ！［⑲　　　　］の年産 5,788 トン（2010 年）は、実に国内生産の 98%を占める。

医療関係者の数はトップクラス。人口 10 万人あたり 196.7 人（2010 年）の［⑳　　　　］の比率は東京都を抜いて日本一。

★**香川県**　讃岐［㉑　　　　］の本家本元。家でも食べる食べる。㉑とそばの家での消費量は年間 20.657kg で日本一（2012 年）。

小豆島と前島の間にある全長 2.5km の［㉒　　　　］は一番狭い所が 9.93 mで世界最狭の海峡としてギネスに登録済み。

★愛媛県　[㉓　　　] みかん、愛媛県の旧国名を一部冠した [㉔　　　] など、かんきつ類の生産量は日本一（22.1万トン・2010年産）。２位は和歌山県（19万トン）。

江戸時代から温暖な気候を生かした [㉕　　　] 栽培がさかんだった。平成に入って [㉖　　　] タオルが全国的に知られ、その生産量は約9,900トン（2010年）で日本一だ。

★高知県　土佐の一本 [㉗　　　] といえば [㉘　　　]。家庭での消費量も世帯あたり年50.538kg（2012年）と日本一。

[㉙　　　] の高齢者が人口10万人あたり78.5人（2012年）で日本一。２位は島根県（77.8人）。

[正解] ①カレールウ　②らっきょう　③交通事故　④しじみ　⑤青森県　⑥中海　⑦ぼたん　⑧白桃　⑨ぶどう　⑩学生服　⑪路面電車　⑫生かき　⑬長州　⑭伊藤博文　⑮佐藤栄作　⑯総理大臣　⑰秋吉台　⑱天然記念物　⑲すだち　⑳薬剤師　㉑うどん　㉒土渕海峡　㉓温州　㉔いよかん　㉕綿花　㉖今治　㉗釣り　㉘かつお　㉙100歳以上

◎ 九州・沖縄8県…❓と❗の1位オンパレード

鹿児島＝畜産県をご存じ？ アジア人観光客率が多い県は？

「おんせん県」構想の大分県、出生率断トツの□□県など、九州・沖縄の８県は個性豊かなプレーヤーぞろいです。でも、鹿児島県が畜産県であることは、子どもはもちろん、大人にも意外と知られていないのではないでしょうか。

授業ではブタと［㉑　　　］、それぞれの産出額１位の県名を空白にした円グラフを示し「どちらが鹿児島県か」と生徒に尋ねます。

「ともに１位」という答えは、子どもにも意外です。このように**「意外性」は学習意欲を喚起し、知的好奇心を養うのに最良の教材となります。**

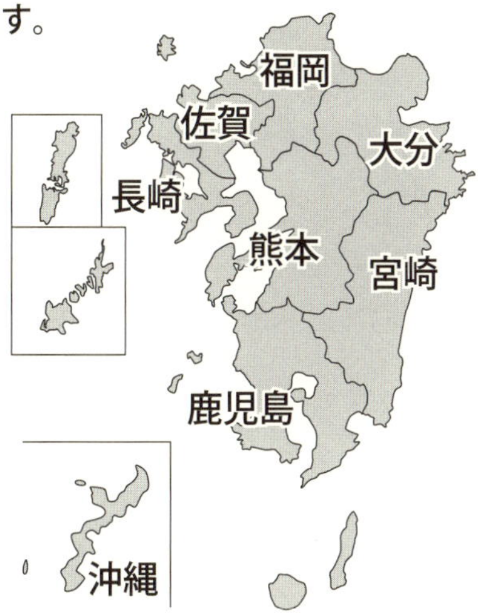

Q 次の［①］～［㉖］に入る言葉を下の選択肢から選びなさい。［難易度★★☆］

［選択肢］出生率　由布院《ゆふいん》　トンネル　鶏肉　ダイビング　満潮　運転免許証　東シナ　すいか　有明《ありあけ》海　アジア　保険　島　源泉　うみがめ　東九州　大川　対馬　びわ　ブロイラー　サンゴ　屋久　韓国　日照時間　黒豚　のり

★福岡県　江戸時代には［①　　　］指物《さしもの》と呼ばれ、今は①家具の名で全国に知られる。木製の棚やたんすの製造出荷額は日本一（約260億円・2010年）。

焼き鳥や水炊きが大好き。1世帯あたりの［②　　　］消費量は日本一の年間19.385kgというから驚き（2010年）。

★佐賀県　干潮と［③　　　］の潮位差が日本一といわれる［④　　　］で養殖される［⑤　　　］の販売金額211億1,000万円は日本一(2012年)。販売数は21億3,000万枚！

交通事故死者数が少ないためか、自動車［⑥　　　］料の各社平均値が日本一安い3万9,535円。最も高いのは岐阜県。

★長崎県　［⑦　　　］海に面し、有人の［⑧　　　］の数54は日本一。五島《ごとう》市、壱岐《いき》市、［⑨　　　］市など、独立した市になっている⑧もある。

新品種「なつたより」が人気。だいだい色の小粒のフルーツ［⑩　　　］の収穫量842トンは全国シェア26％で日本一。

★熊本県　日本一の［⑪　　　］の名産地。収穫量は、5万9,900トン（2010年）。2位は千葉県、3位は山形県。

外国人観光客に占める［⑫　　　］人の比率91.5％は日本一（2010年）。［⑬　　　］からが半数以上を占める。

★大分県　別府や［⑭　　　］などで知られ「おんせん県」をアピールできるのは、お湯が湧き出る［⑮　　　］の数が4,471か所（2011年度）と日本一だから。

高い山はないが小山が多いため、実は［⑯　　　］の数（550か所）が日本一という珍記録のホルダーでもある。県内最長は［⑰　　　］自動車道・臼津《きゅうしん》⑯の（2,990 m）。

★宮崎県　［⑱　　　］が2,172時間（2009年）で日本一。2009年は宮崎市の快晴日が49日で、日本一。

車好き？　というより生活のため。女性の［⑲　　　］保有の割合47.7％は日本一（2010年）。

★鹿児島県　実は、北海道に次ぐ畜産県。［⑳　　　］に代表されるブタと、［㉑　　　］の農業産出額が日本一（それぞれ666億円、791億円／2012年）。

産卵のための［㉒　　　］の上陸数が日本一（5,400頭・2011年）。［㉓　　　］島に約3分の1が上陸する。

★沖縄県　人口1,000人あたりの［㉔　　　］12.2人は断トツ（2012年）。全国平均は8.2人。最少は秋田県の6.2人。

周囲の海は世界的にも有数の［㉕　　　］の生息地。その美しさにひかれて訪れるダイバーは多く、［㉖　　　］スクールの数も約400店で日本一（2013年）。

［正解］①大川　②鶏肉　③満潮　④有明海　⑤のり　⑥保険　⑦東シナ　⑧島　⑨対馬　⑩びわ　⑪すいか　⑫アジア　⑬韓国　⑭由布院　⑮源泉　⑯トンネル　⑰東九州　⑱日照時間　⑲運転免許証　⑳黒豚　㉑ブロイラー　㉒うみがめ　㉓屋久　㉔出生率　㉕サンゴ　㉖ダイビング

Part 3

地理から見える今のニッポン

◎ 昭和の大合併をおさらいしましょ

合併の目安「8,000人」は駅？ 学校？ それとも…

わが国では過去３度の市町村「合併」が行われてきました。第一弾は近代国家としてスタートした明治初期の廃藩置県の後に進められた市制・町村制の施行。第二弾が戦後、昭和30年前後に施行された一連の法律による「昭和の大合併」。そして「平成の大合併」です。

Q　昭和の大合併は「１自治体は最低 8,000人以上」を目安に進められました。8,000人は、次のア〜エのどれを目安にした数字だったのでしょうか。［難易度★★☆］

ア…蒸気機関車が停まる駅を誘致する最低限の人口。

イ…役場の職員に給料を払える最低限の人口。

ウ…一つの中学校を適正に管理運営する最低限の人口。

エ…人口が増え続ける最低限の人口。

ハマる！

「8,000」は中学校を適正に維持管理する最低限の人口だった

3回の「合併」による市町村数の推移（イメージ）

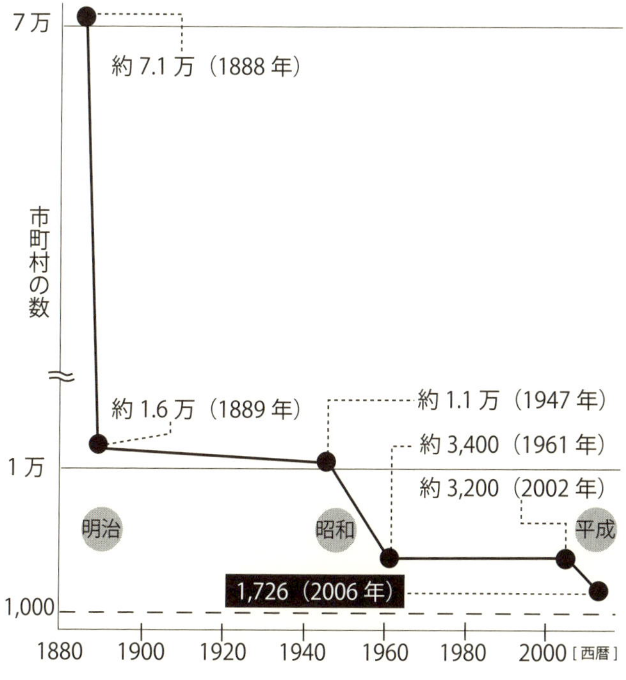

さすがに、これは中学校では習いません。次で解説する「平成の大合併」をより理解するために、用意した設問です。

明治20年代前半に進められた明治の大合併は、政府の末端組織にあたる市町村行政を整備することが目的でした。当時7万以上あった町村が合併し1万6,000ほどになりました。このときは町村は、400戸前後を目安にまとめられました。

1953～1961年にかけて進められた昭和の大合併では、約1万1,000→3,400へと市町村の数が一気に3分の1に減少しました。当時、目安とされた8,000人という数字は「一つの中学校を効率的に設置管理していくために最低限必要な人口」とされていました。

人口が少ないと、生徒数も少なく、1クラス10名以下の学校もでてきます。しかし、教員の数は確保しなければならない。その適正配置を実現する最低限の人口が8,000人だったのです。消防や保健衛生の業務を維持し続けていくためにも、8,000人の人口が必要と判断されたそうです。

この昭和の大合併で人口8,000人規模になった多くの市町村も、地方では人口減少が止まらず、やがて全国の4割の市町村が人口8,000人未満になりました。これが「平成の大合併」の誘因にもなりました。

［正解］　**ウ**

◎ 平成の大合併の真実

「5」を「3」にしてまで市を増やしたかった理由は？

「平成の大合併」は「市町村数を 1,000 まで減らすこと」を目標に進められました。そのために採られたある特例措置が、山口県を日本一に押し上げました。

Q　平成の大合併によって、47 都道府県の中で山口県が「93.7%」という数字で 1 位に躍りでたデータがあります。それは次のどれでしょうか。［難易度★☆☆］

ア…「合併で幸せになった」と感じた人が 93.7%
イ…県の総面積に占める市部の面積比率が 93.7%
ウ…県の総面積に占める町村部の面積比率が 93.7%
エ…合併でできた、ある新しい市の名称の納得率が 93.7%

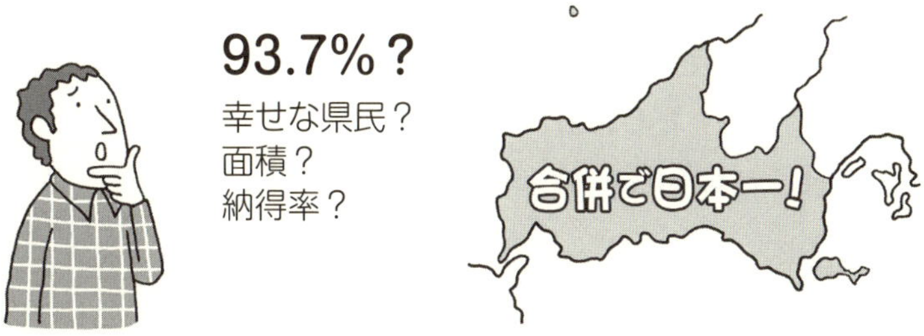

ハマる!

「3万人」の合併特例も利用しつつ 山口県は県域の93.7%が市部になった

平成の大合併で山口県には、周南《しゅうなん》市をはじめとする10市と2町の合併が成立しました。合併しなかった町もありましたが、結果的に合併前にあった56市町村は19市町（13市6町）となり「県の総面積に占める市部の面積比率」は、全国1位の93.7%になりました。他の都道府県の市部の全国平均は58.1%、最低は23.5%の北海道です。

93.7%の市部の広がりを目で確かめると

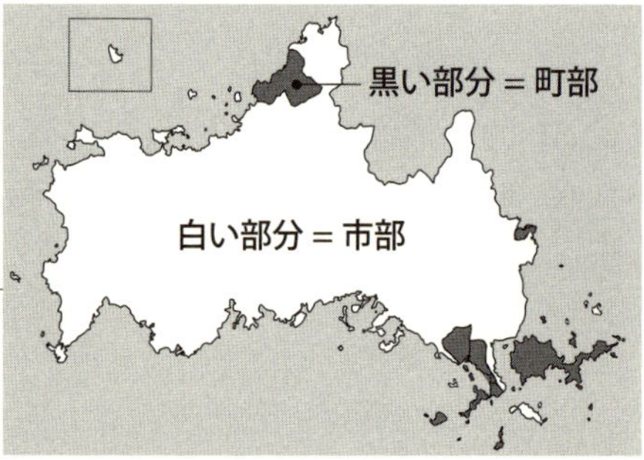

なぜ、市がこれほど増えたのでしょうか。それは、平成の大合併では特例の時限立法によって、それまでは人口「5万人以上」を目安としていた市への"昇格"基準が「3万人」と緩和されたからです。山口県でも実際、13市のうち3市の人口が合併時に5万人未満でした。

住民にとっての合併、市への昇格とは何なのでしょうか。これは、子どもの素直な意見が参考になります。

「市のほうがかっこいいから」

「大きい市民ホールや運動場も利用できる」

「運動部の試合も多くなり、やる気がでる」

大人の言葉で整理すると、こんな感じでしょうか。

「公共施設の広域的な利用が可能になる」

「専門的な行政サービスが受けられる」

「地域のイメージアップ」

「若者の定住や企業誘致、施設・設備の充実」

それでは、なぜ、政府は市を増やそうとしたのか。表向きの、そして最大の狙いは、地方分権の推進です。2000年4月につくられた地方分権一括法では「住民にとって身近な行政は、できる限り地方が行う」と明記されました。これは、そろばん勘定の視点から言うと、ズバリ「地方交付税や国庫支出金などの削減」であったことは明らかです。

例えば、国が地方公共団体を財政的に支援する地方交付税や国庫支出金は人口1,000人未満の地方自治体では住民一人当たり160万円ですが、1万人未満なら40万円、3万人未満なら3万円を切るそうです。小規模の町村が少なくなれば、国からの支出がカットできる。行政改革が叫ばれる中、**手厚い地方交付税を維持できなくなったことが、この背景にあります。**

このような政府の意図はあるていど功を奏し全国の市の数は平成の大合併で以前より120以上も増加する786となりました。しかし、目標の「1,000市町村」には届きませんでした。

［正解］イ

◎ 新市名のパターンを６つに分類

そんなのあり？ なし？
この市名、あの市名の由来は?

平成の大合併で、つねに話題をふりまいたのは、新しく採用された市町村名とその決定にいたるいきさつでした。

Q **下は、一つを除いて、平成の大合併によって誕生した市の名称です。実在しない名称はどれでしょうか。**

［難易度★★★］

胎内市　　笛吹市　　さくら市

山県市　　雲南市　　みどり市

福沢市　　東温市　　四国中央市

ハマる!

ありそうで、でもなそさうで。
新名称の付け方は６パターンに大別される

以下が、新市町名のつけ方６パターンです。

●パターン１　合併前の有名市町村名に由来する

中心となる市町が存在したり、知名度の高い市町がある場合は、その名称が採用されました。

●パターン２　地元の地理的な名称に由来する

全国的に知られる地元の川、山などに由来する名称です。

●パターン３　旧国名や郡名に由来する

丹波《たんば》市（旧国名）や石川県能美《のみ》市（郡名）がいい例です。

●パターン４　旧市町村名を一文字ずつ含む

実は古くから用いられてきた手法です。たとえば、東京の紀尾井《きおい》町は「紀州徳川家」中屋敷、「尾張徳川家」中屋敷、「彦根井伊家」中屋敷から一文字ずつ抜き出した名称でした。

●パターン５　「方位＋地名」による

話題を呼んだ「南アルプス市」（山梨県）が代表格でしょう。

●パターン６　難読地名のひらがな書きによる

読みにくい漢字の地名をひらがなにした地名です。

この中で、地理の学習に直結するのは「パターン２」です。地図で佐渡島や千曲川をさがすもよし。「まんのう町（香川県）の由来は満濃《まんのう》池らしいけど、なぜ池があるの？」と調べていけば、雨が少ない瀬戸内式気候を話題にできます。

設問の地名についても、まず由来をご自分で考えてみてください。お子さんがいる方は解説を読む前に、「なぜそんな地名

新市町村名の名づけ方（由来）のパターン

	パターン	例
1	合併前の有名市町村名に由来する	静岡市（静岡市と3市町が合併）、宇和島市（宇和島市と3町が合併）、呉市（呉市と8町が合併）など
2	地元の地理的な名称に由来する	・島や半島の名称から‥小豆島町、佐渡市、屋久島市、伊豆市など ・川・湖・池の名称から‥千曲《ちくま》市、おいらせ町、吉野川市、紀の川市、十和田市、まんのう町など ・山の名称から‥雲仙市、八幡平《はちまんたい》市など ・観光地名から‥下呂《げろ》市、由布《ゆふ》市など
3	旧国名や郡名に由来する	・旧国名から‥丹波市、甲斐《かい》市など ・郡名から‥能美市、魚沼市など
4	旧市町村名を一文字ずつ含む	小美玉《おみたま》市（小川町＋美野里《みのり》町＋玉里《たまり》村）、東御《とうみ》市（東部町＋北御牧《きたみまき》村）、宮若市（宮田町＋若宮町）など
5	「方位＋地名」による	南アルプス市、西東京市、北名古屋市、東かがわ市など
6	難読地名のひらがな書きによる	いなべ市（員弁《いなべ》郡の4町が合併）、 いすみ市（夷隅《いすみ》町など3町が合併）、 ときがわ町（都幾川《ときがわ》村＋玉川村）など

になったと思う？」と質問してみましょう。

■胎内《たいない》市（中条町と黒川村が合併／新潟県）…歴史的由来がありそうですが、実は市内を胎内川が流れています［パターン 2］。胎内川の由来はアイヌ語由来説など、複数あります。

■笛吹《ふえふき》市（石和《いさわ》町など６町村が合併／山梨県）…これも、地域に流れる笛吹川に由来した市名です［パターン 2］。

■山県《やまがた》市（旧山県郡の３町が合併／岐阜県）…旧郡名に由来します［パターン 3］。

■雲南《うんなん》市（大東《だいとう》町など６町村が合併／島根県）…旧国名出雲《いずも》の南部に位置することに由来します［パターン３＋パターン 5］。中国の雲南省とは、無関係です。

■東温《とうおん》市（温泉《おんせん》郡重信《しげのぶ》町と川内《かわうち》町が合併／愛媛県）…以前から あった「温泉郡の東部地域」という意味に由来。合併以前から、地域で親しまれていた名称です［パターン２＋パターン 5］。

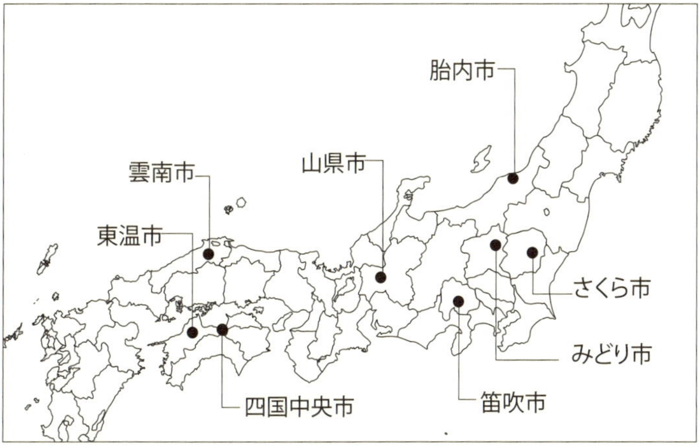

■四国中央市（川之江市など4市町村が合併／愛媛県）…愛媛県の東端で、香川県・徳島県・高知県とも県境を接する"四国の中央"というロケーションをアピールする名称です[パターン5]。

■さくら市（氏家《うじいえ》町と喜連川《きつれがわ》町が合併／栃木県）…桜の名所が多く、「桜の花のように美しい町に」という願いから命名されました。

■みどり市（大《おお》間《ま》々《ま》町など3町村が合併／群馬県）…「緑があふれる市に」という住民の願いからつけられました。

さくら市、みどり市はパターン1～5に分類されない特異なケースです。

［正解＝実在しない市名］福沢市

◎ チェーン展開のキモは□□

購入量全国1位の□□市への出店をはばむ最大の壁は？

コーヒー好きの方がハマる問題かも？

Q **都会の象徴、「スターバックス」（スタバ）が出店していない道県（2013年8月現在）を下で着色した道県から一つ選び、名前を答えなさい。その理由をア～ウから選びなさい。**［難易度★★☆］

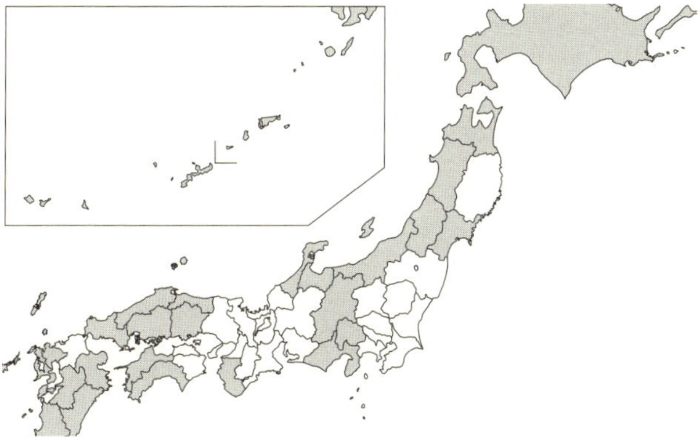

ア…その県はコーヒー好きな人が少ないというデータから。

イ…人口が60万人以下の県には出店しない方針だから。

ウ…流通コストが割高な地域だから。

ハマる!

セブンもタリーズもドンキもないのは配送に時間とコストがかかるから？

スタバは1996年、東京・銀座に日本1号店を開業し、2013年3月末に島根県に出店。国内で店舗がない県は、鳥取県のみになりました。しかし、鳥取県にないのは、スタバだけでありません。

●飲食などのチェーンの未出店県（2013年6月現在）

・タリーズコーヒー…鳥取、沖縄

・ドン・キホーテ（小売）…福井、鳥取、徳島、高知

・サブウェイ（サンドイッチ）…秋田、鳥取、高知、大分、長崎、鹿児島

・松屋（牛丼）… 青森、秋田、鳥取、島根、高知、大分、宮崎、鹿児島、沖縄

島根県にあって鳥取県にないワケは、ズバリ出店にともなう物流コストがペイできないからでした。新聞報道によると、中国地方の2県が最後まで未出店だったのは、ともに「高速道路が少なく配送に時間とコストがかかるから」(スターバックスの関係者)。スタバは今回、その壁を「他社との共同配送」という形でクリアして島根県出店を実現しました。もちろん、鳥取県出店の意向もあります。

スタバに限らず新店舗の出店は、物流環境しだいです。たとえばセブン-イレブンは、青森、愛媛、高知、沖縄には出店していません（次ページ）。岩手県に出店して青森県に出店していない理由は、セブン-イレブンが、隣接して近くに

高密度で多くの店舗を出店するドミナント戦略をとってきたからです。一にも二にも効率的な物流を実現してコストを削減したい。非効率的な物流システムを嫌うためです。

なお、総務省の家計調査で、都道府県庁所在地と政令指定都市のうち、鳥取市の家庭はコーヒー豆や粉末の購入量が全国1位であることが明らかになっています。鳥取市民はコーヒーが大好き。スタバが出店したら、繁昌するかもしれません。

主なコンビニ・チェーンの未出店県

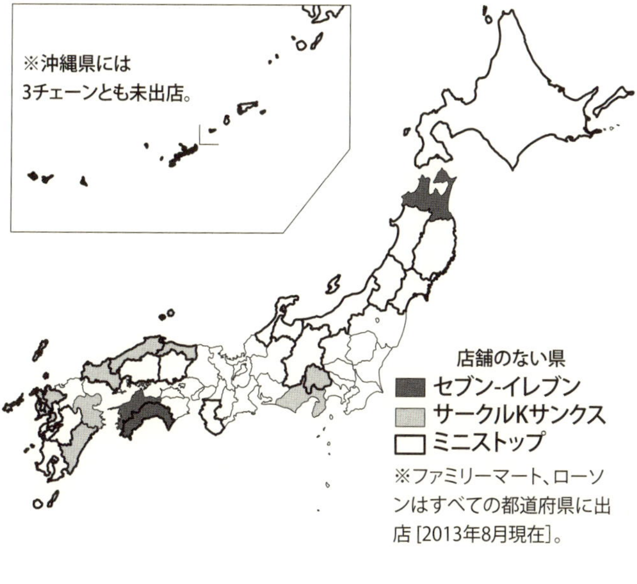
※沖縄県には
3チェーンとも未出店。
店舗のない県
セブン-イレブン
サークルKサンクス
ミニストップ
※ファミリーマート、ローソンはすべての都道府県に出店［2013年8月現在］。

［正解］鳥取県。ウ

◎ 気候の特徴を活かしたビジネス

太平洋岸気候の特徴を集客に結びつけたアイデア

季節物衣類やビアガーデンなど、私たちの消費活動は、気候や日々の天候と大きく関係しています。そんな地元の気候の特徴を利用したユニークなサービスを続けているホテルが富士山のふもとにあります。

Q 山梨県山中湖村で、富士山を一望できるホテルが、毎年１月末を目安に続けているプランは下のどれでしょうか？［難易度★★☆］

ア…天気が悪いと、宿泊料金を自分で決められる。
イ…天気がよいと、宿泊料金が上がる。
ウ…天気が悪いと、宿泊料金がタダのときがある。
エ…天気がよいと、暖房を入れてくれない。

ヒント　この地域の１月末は、晴天率が高い。

ハマる!

晴れても晴れなくても宿泊客は満足
「晴天が多い冬」ならではのサービス

太平洋岸気候の特徴をもとにした設問です。**太平洋岸気候の特色を覚えていますか？**　記憶のおさらいをしましょう。

・夏…多雨多湿。雷雨や台風が多い。

・冬…少雨乾燥。北からのからっ風が吹き、晴天が多い。

こういった特徴は「テストのための印象の薄い授業」ではすぐ忘れてしまいます。なぜか？　雨量と気温の図をながめながらの解説型の授業が圧倒に多いからです。しかし、前ページのような設問なら、その特徴が長く記憶に残ります。

このホテルからは、晴れた日には富士山がきれいに見えます。宿泊客の多くは、富士山を見るために来館しています。

ホテルから山頂がきれいに見えれば、もちろん満足。しかし、見えなくても、宿泊費がタダであれば宿泊客の「また来たい」というマインドを持続させることができます。

しかし、このようなプランは毎月できません。そこで、太平洋岸気候の特徴である「晴天が多い」冬場の1月末～２月に実施しているのでしょう。

では、実際のところ、その時期の天気はどうなのでしょうか。

下のグラフは、2013年１月～２月の気象庁のデータから起こした、山中湖村の日照時間と降水量の変化です、このグラフから推測するに、２月は雨が降り日照時間の短い日（晴天の可能性が低い）が数日あったようです。富士山は見えたのか、見えなかったのか。気になるところです。

山中湖村の日照時間と降水量　[2013年1月～2月]

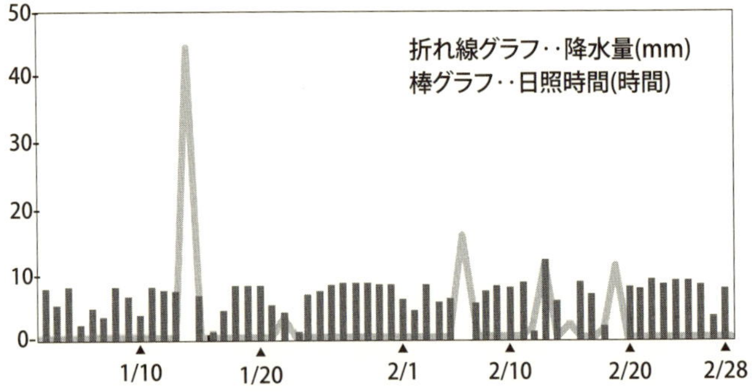

［正解］　ウ

◎ なぜ男女比がちがうのか

え!? 男性が多い県、女性が多い県があるの？

男女の人口比は、どこでも同じなのでしょうか。これについて生徒に質問すると、こんな意見が返ってきます。

「男性が多いのは、都会」

「女性が多いのは、田舎」

都会には大企業があり、若い男性を中心に多くの人が働いていると考えるからです。

一方、田舎（農村部）では若者が働き口を求めて男性を中心に都市部へ出ていくケースが多いうえに、高齢者が多く、女性の平均寿命は男性より長いのだから、女性が多いと考えるようです。実際は、どうでしょうか。

Q

地図㋐～㋒は下のA～Cのどれかを表しています。

A「男性比率の高い県」

B「女性比率の高い県」

C「30 ～ 40 代の未婚男性比率の高い県」

Bの「女性比率の高い県」を表している地図は㋐～㋒のどれですか。色が濃いほど、それぞれの比率は高くなります。

[難易度★☆☆]

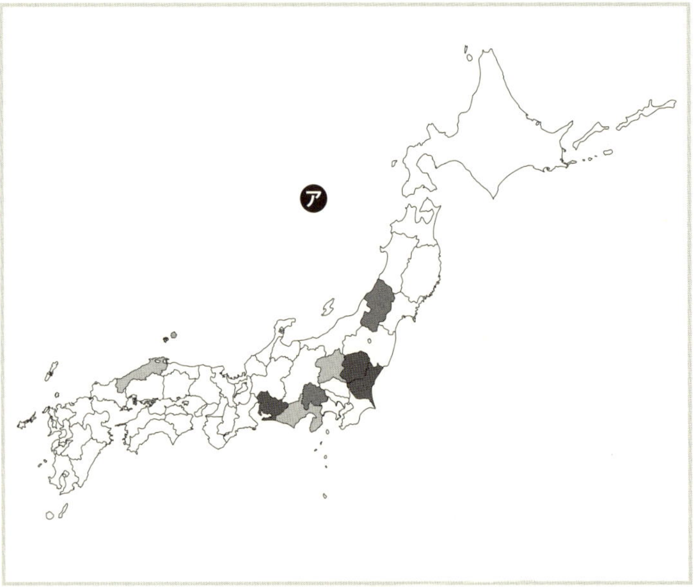

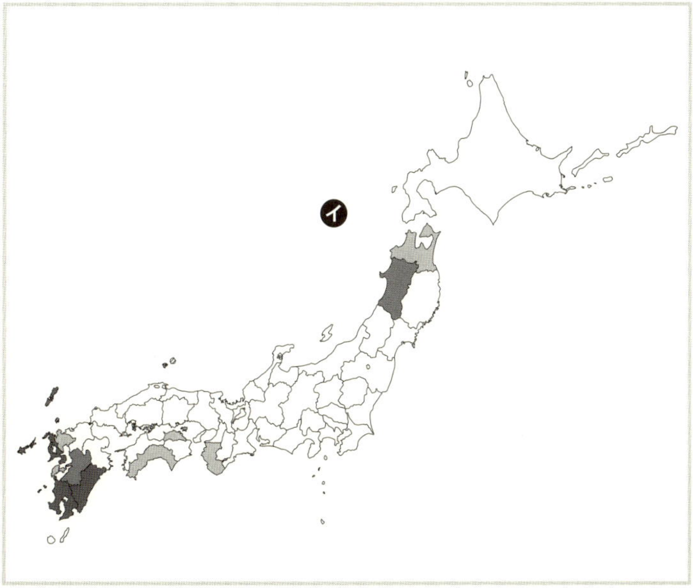
イ

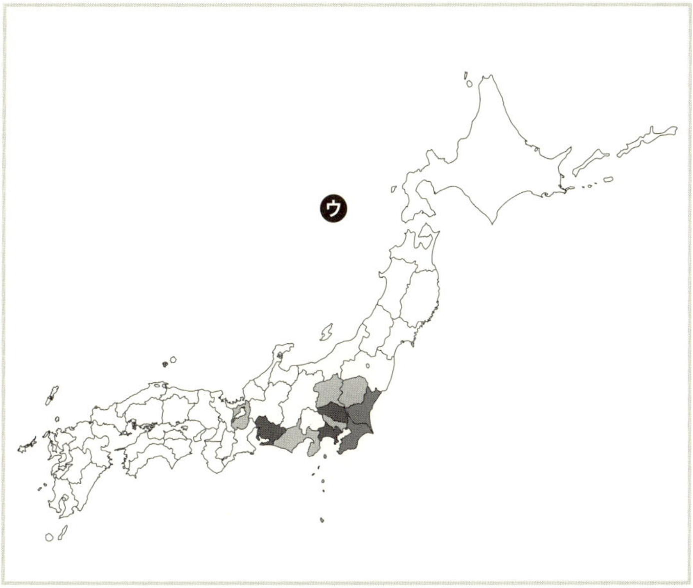
ウ

ハマる!

男性は関東・東海に多く女性は周縁部の地域に多い。そのわけは？

女性比率の高い県は、順に長崎県、鹿児島県、宮崎県、秋田県、熊本県など（㋑）で、男性 100 人に対して女性 114 ～ 115 人となっています。本州・四国・九州の端の県に多く見られます。この地域は、65 歳以上の人口率の高い県とダブります。具体的には、秋田県や高知県など女性比率の高い地域は、どこも高齢者率が 25％を超えています。女性は平均寿命が長いのですから相関関係があって当然です。

男性比率の高い県は、神奈川県、埼玉県、愛知県、茨城県、千葉県、栃木県、東京都、滋賀県、静岡県、群馬県などの関東・東海地方、太平洋ベルト地帯と北関東工業エリアに集中しています（㋒）。人口移動の中心が就職や進学を求める若者であることを考えれば、これも当然の結果といえるでしょう。その比率は、女性 100 人に対して男性 101 ～ 97 人。「ふつう」に見えますが、「94.8 人」という男性比の全国平均と比べると、多いことがわかります。

未婚男性（30 ～ 40 代）比率の高い県は㋐。上から栃木県、愛知県、茨城県と続きます。

［正解］㋑

◎ トレンドを増加率で確認

首都圏のトップ3につづき沖縄が4位に来る増加率は？

バブル以降の○○トレンドは、昔、みなさんが習った「□□□□化現象」という言葉では説明できません。

Q **下の図は、2005年から2010年のある増加率トップ5です。ア〜ウのどの増加率でしょうか。**

［難易度★★☆］

ア…人口の増加率

イ…60歳以上の男性未婚率の増加率

ウ…子どもの割合の増加率

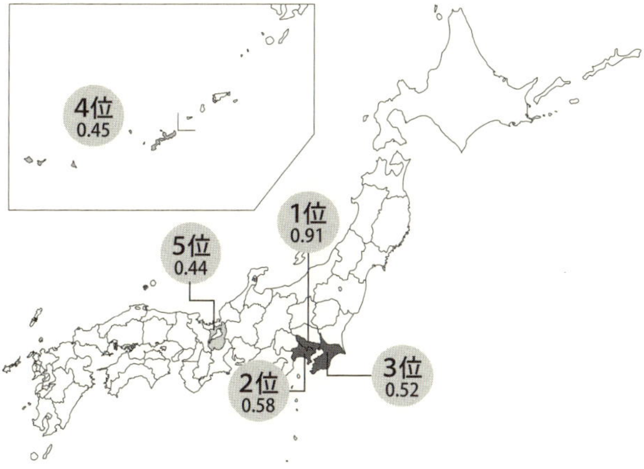

ハマる!

沖縄県は、恒常的に人口が増加している
都心はアンパン化現象が進んだが…

イの1位は東京都（9.2%）、**ウ**の1位は沖縄県（18%）。というわけで正解は、**ア**です。

沖縄県は平均給与が低く失業率が高いにも関わらず、なぜ子どもが多く、人口増加率も4位と高いのか。子どもたちは「海や空気がきれい」「物価も安い」「年中、暖かいから」と返しますが、これも無視できない条件です。

沖縄県は祖父母と住む家庭も多く子育てがしやすいのも手伝い、2010年の出生率は12%と、出生率10%以下で2位以下の他の都道府県から頭ひとつ抜きんでています。

子どもが多いので、人口の自然増加数は高くなります。社会増加率も2%台で全国1位。仕事や結婚などで転入する方が多いのでしょう。生徒の言うように、安い物価と豊かな自然がおそらくこの数字を下支えしているのです。

国内の最近の人口トレンドは、バブルがはじけた後、都市部に人が戻る「**アンパン化現象**」（「ドーナツ化現象」と逆）が見られましたが、東京電力の原発事故以降、首都圏3都県の人口増加率は軒並みダウン。2011年は沖縄県が前年から微増の0.59%でトップ。2位が前年比約0.6%ダウンの東京（0.29%）、3位が滋賀県（0.18%）でした。

［正解］　ア

◎ ピンと来ない広さを確かめるには

正しい縮尺の沖縄本島と東京都は？

沖縄県は海を隔てているので、その広さがピンと来ません。比べづらい広さは、並べて確かめるのも一つのやり方です。

Q 沖縄県の在日米軍占用施設（左図の濃い灰色部分）の面積は約 228 ㎢です。東京都区部の面積は約 620 ㎢です。左の沖縄島と同じ縮尺の東京都の地図は、右のア～ウのどれですか。［難易度★★☆］

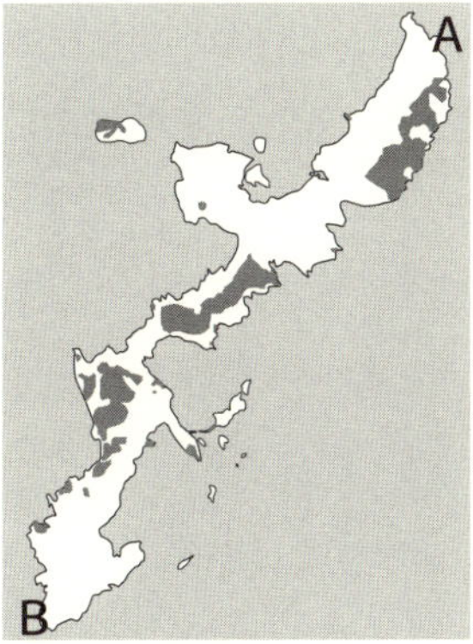

ヒント
上のＡＢ間の直線距離はおよそ 108km です。

ア

イ
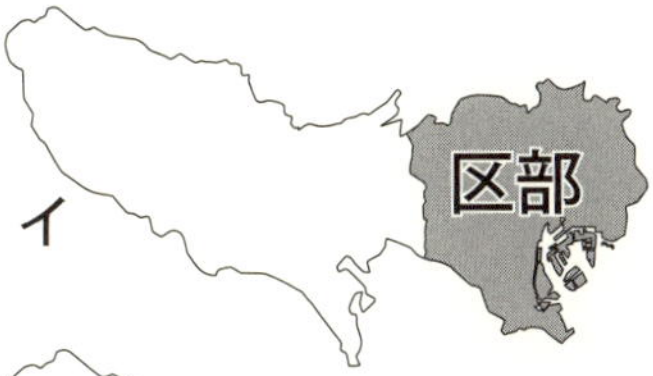

ウ
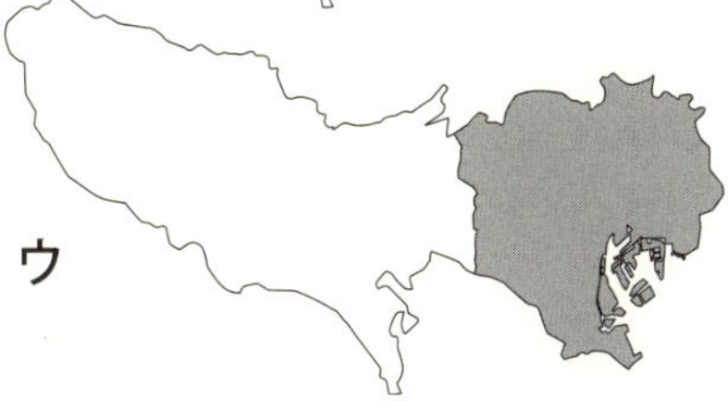

ハマる!

東京都は東西 87㎞、沖縄本島は 108㎞
広大な面積は湖などの○倍とするとわかりやすい

沖縄にある米軍基地の敷地は沖縄本島の 18％を占めます。これは、東京都区部の 37％の面積に相当します。

同じ縮尺の東京と沖縄本島

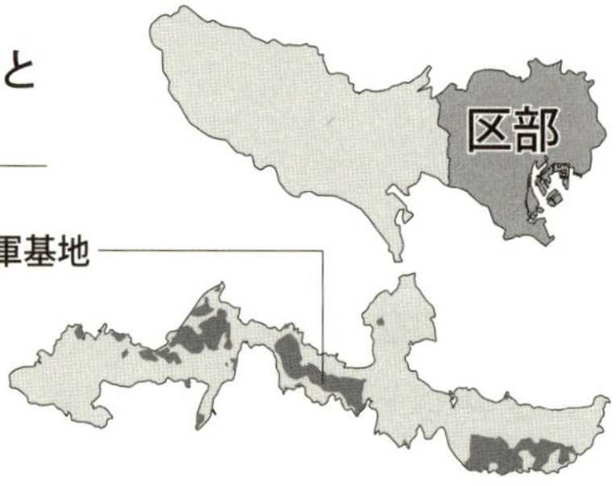

見渡すことができない広さは、湖などを材料に説明するのがコツです。228 ㎢なら「霞ヶ浦とほぼ同じ」あるいは「山手線の内側の 4 倍弱」とすれば、少しわかりやすくなります。

授業では、米軍基地の広さを実感させたあと、米軍基地のメリット、デメリットについても発表させます。

メリットとしては「米兵の飲食により経済が潤う」「日本を守ってくれる」「基地での仕事がある」という意見が出ます。デメリットとしては「戦争にまきこまれる」「米兵による事件がある」「騒音に悩まされる」といった意見が出ます。

学校ではいろいろな価値観を示し、子ども同士の対話の中で、授業を進めることを大切にしています。

［正解］イ

秋田市の竿燈まつりの提灯のルーツは何？

平成24年度から地理学習は、昔のように「各地方の自然・農業・工業」を暗記するのではなく、より地理的な見方や考え方を重視して、北海道は「自然」、近畿は「歴史」を重点的に学習するといった構成に変わりました。東北地方は「生活と文化」を中核に学習します。

Q

(1) 秋田市で行われる竿燈《かんとう》まつりの提灯は、元々、何を見立てたものだったでしょうか。次から選びなさい。

[難易度★★☆]

ア…比内地鶏《ひないじどり》　**イ**…さしみ　**ウ**…くまで　**エ**…米だわら

(2) 東北地方の平野を下のほかに四つ書きなさい。

青森平野、津軽平野、本荘平野、

［し］［　　　　　　平野］　［あ］［　　　　　　平野］

［の］［　　　　　　平野］　［せ］［　　　　　　平野］

ヒント　［　］のひらがなは、一文字目の読みです。

(3) (1) と (2) の答えに共通するキーワードは何ですか？

ア…ＩＴ産業　**イ**…水産業　**ウ**…米作り　**エ**…畜産業

ハマる!

米だわらが、竿燈まつりの提灯のルーツ
米どころを支える条件をおさらいする

地理の教科書には、東北地方の祭りと産業の関連を学ぶページがあります。「竿燈まつりはもともと提灯を米だわらに見立てた『米の豊作を祈る祭り』であり、農作業と結びついた行事や信仰が今も残る」。こんな具合に学習します。東北といえば、米。そこで「なぜ、東北地方では米作りがさかんなのか？」と問い、〈広い水田〉〈豊かな水〉〈夏の昼と夜の温度差〉といった米作りに必要な条件を学びます。

水田については「広い水田ができる平野は？」と地図帳で庄内《しょうない》平野、秋田平野、能代《のしろ》平野、仙台平野を確かめさせます。

水は、最上《もがみ》川、北上《きたかみ》川などを確認させます。これらの川に流れこむのは雪解け水です。そこで、それぞれの源流の山と、鳥海山《ちょうかいさん》、月山《がっさん》、栗駒山《くりこまやま》なども地図帳で探します。

東北でも夏の最高気温は 30 度以上になり、昼と夜の寒暖差があります。こうして、東北地方は米作りに適した土地柄であることがわかります。

現在の中学生は、このように東北地方の米作りを多角的・多面的に学習しています。「減反」「ＴＰＰ」など今の社会と結びついた事柄を多角的に学ぶ授業もあります。

ＴＰＰ議論がさかんな今、ご飯の折に、この設問に関する話題はいかがですか？　ご飯がのどに詰まってしまう？

［正解］（1）エ　（2）庄内、秋田、能代、仙台　（3）ウ

◎ 貿易構造の変化、知ってました？

日本は今も加工貿易？ それは「過去貿易」でして

ウン十年前に学校で習った「日本の貿易＝加工貿易」というキーワードが頭から離れない方はいませんか。加工貿易のスタイルは崩れていませんが、今は事情がちがいます。

Q　下のグラフのア～ウ、A～Cのどちらにも入る品目は次のどれですか。そのグラフ内の記号も答えなさい。 **[難易度★★★]**

機械類　金属品　鉱物性燃料（原油など）
原料（金属・繊維などの）　化学品

輸入・輸出品目の比率の比較　[1970年と2010年：金額ベース]

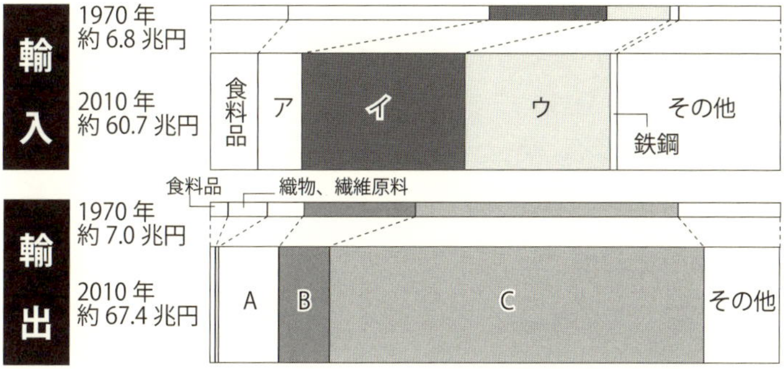

グラフの高さは貿易額の比較。財務省貿易統計などから

ハマる!

現地生産の電気機械の逆輸入が増え
機械類の輸入割合は原油に迫る勢い

昨今の日本の貿易品目とその割合は「日本メーカーが人件費や設備投資費が安い海外で現地生産した製品を、逆輸入する構造」を反映しています。

輸入品目の1位は今も昔も原油などの「鉱物性燃料」ですが、1970年とちがい、今は「機械類」がこれに肉薄しています。機械類とは、時計・医療機器などの精密機械、農業・紡績・工作機械などの一般機械、自動車・船舶・航空機などの輸送用機械、そしてパソコン・テレビなどの電気機械です。

前の表ではわかりませんが、最近は機械類の中でも、特に電気機械の輸入が増大しています。たとえばＤＶＤレコーダーなどの90%近く、テレビは67%を中国から輸入しています（ともに2011年）。これらの少なからぬ量が上の逆輸入の構造を反映しています。

貿易相手国も輸出は2002年から、輸入は2009年から中国がトップです。アメリカはともに2位です（2011年）。

お子さんにはくれぐれも「加工貿易も知らないのか！」などとおっしゃらないでくださいね。「それは"過去貿易"だよ」とおやじギャグで逆襲されることになるでしょう。

［正解］機械類／イとＣ　（ア…原料　ウ…鉱物性燃料　Ａ…化学品　Ｂ…金属品）

Part

4

歴史を地理の目で見直す

◎ ヒントを見れば全問正解!?

地名、動物、果物の名前も！
意外と書けます、旧国名！

昔の日本は大和朝廷が区分した国によって統治されていました。この国名はしっかり現代生活に根付いています。

Q **現在の都道府県と関連した旧国名を［①］～［Ⓙ］の中に書きなさい。**［難易度★★☆］

～ ★ 北海道・東北 ★ ～

北海道＝［①　　　］

ヒント＝□□漬。□□城は最北の日本式城郭。

青森県＝［②　　　］

ヒント＝青森で誕生したリンゴの品種の一つ。戦艦□□。

岩手県＝［③　　　］

ヒント＝「三陸」とは②、③、④の三国のこと。

宮城県＝［④　　　］

ヒント＝□□高田《たかた》市の「奇跡の一本松」。

秋田県＝［⑤　　　］＋［③］

ヒント＝⑤出《で》「羽《わ》」国の北側。北は都《みやこ》から遠いので「後」。

山形県＝［⑥　　　　］＋［⑤］

ヒント＝⑥出「羽」国の南側。南は都に近いので「前」。

ヒント

旧国名による国境(くにざかい)と、設問にしていない旧国名。

福島県＝［⑦　　　　］＋［岩代《いわしろ》］

ヒント＝□□炭鉱（常磐炭田の福島側）。

～ ★ 関東 ★ ～

茨城県＝［⑧　　　　］　ヒント＝□□太田《おおた》市。

栃木県＝［⑨　　　　］

ヒント＝□□薬師寺は失脚した道鏡《どうきょう》が左遷された。

群馬県＝［⑩　　　　］

ヒント＝『忠臣蔵』の「悪役」、吉良《きら》□□介《すけ》。

埼玉県・東京都＝［⑪　　　　］

ヒント＝戦艦□□。剣豪・宮本□□は岡山県の生まれ。

千葉県＝［⑫　　　　］＋［⑬　　　　］＋［上総《かずさ》］

ヒント＝上総と⑫の一部、⑬が合わさって「房総」半島。

神奈川県＝［⑭　　　　］＋［⑪］　ヒント＝⑭□□湾、□□川。

山梨県＝［⑮　　　　］

ヒント＝武田信玄は□□の虎。□□よしひろは福岡県出身。

～ ★ 中部 ★ ～

新潟県＝［⑯　　　　］＋［⑰　　　　］

ヒント＝⑯□□おけさ、□□金山。⑰□□のちりめん問屋。

富山県＝［⑱　　　　］　ヒント＝○○ふんどし。

石川県＝［⑲　　　　］＋［能登《のと》］　ヒント＝□□百万石。

福井県＝［⑳　　　　］＋［若狭《わかさ》］　ヒント＝□□ガニ。

長野県＝［㉑　　　　］　ヒント＝日本一長い□□川。

岐阜県＝［㉒　　　　］＋［㉓　　　　］

ヒント＝㉒□□高山、□□ラーメン。㉓□□焼。

静岡県＝［㉔　　　　］＋［㉕　　　　］＋［遠江《とうとうみ》］

ヒント＝㉔「□□の踊り子」。㉕□□湾。

愛知県＝［㉖　　　　］＋［三河《みかわ》］

ヒント＝「□□名古屋は城でもつ」。

～ ★ 近畿 ★ ～

三重県＝［㉗　　　　］＋［㉘　　　　］＋［㉙　　　　］＋［㊴］

ヒント＝㉗□□神宮。㉘□□スペイン村。㉙□□忍者。

滋賀県＝［㉚　　　　］

ヒント＝□□牛、□□商人、□□八幡市。

京都府＝［㉛　　　　］＋［㉜　　　　］＋［山城《やましろ》］

ヒント＝㉛□□ちりめん。㉜□□哲郎は東京生まれ。

大阪府＝［㉝　　　　］＋［㉞　　　　］＋［摂津《せっつ》］

ヒント＝㉝「和」は読まない。㉞□□音頭。

兵庫県＝［㉟　　　　］＋［㊱　　　　］＋［㊲　　　　］＋［摂津］

ヒント＝㉟□□牛。㊱□□灘《なだ》、□□焼。㊲□□島。

奈良県＝［㊳　　　　］　ヒント＝□□朝廷。戦艦□□。

和歌山県＝［㊴　　　　］　ヒント＝日本最大の□□半島。

～ ★ 中国・四国 ★ ～

鳥取県＝［㊵　　　　］＋［㊶　　　　］

ヒント＝㊵□□の白うさぎ。㊶大山《だいせん》は別名、□□富士。

島根県＝［㊷　　　　］＋［㊸　　　　］＋［隠岐《おき》］

ヒント＝㊷□□大社。㊸□□銀山。

岡山県＝［㊹　　　］＋［㊺　　　］＋［美作《みまさか》］

ヒント＝㊹□□焼。㊺□□鍬、□□神楽。

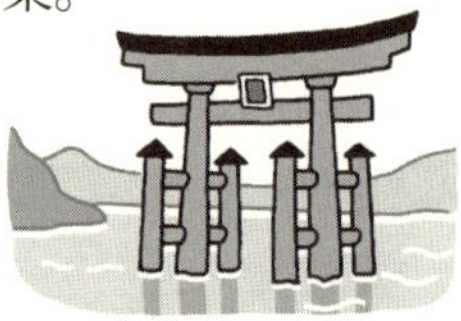

広島県＝［㊻　　　］＋［備後《びんご》］

ヒント＝□□の宮島。

山口県＝［㊼　　　］＋［周防《すおう》］

ヒント＝戦艦□□。□□裕之は京都生まれ。

徳島県＝［㊽　　　］　ヒント＝□□踊り。

香川県＝［㊾　　　］　ヒント＝□□うどん。

愛媛県＝［㊿　　　］　ヒント＝地元の名物は□□柑。

高知県＝［Ⓐ　　　］　ヒント＝□□犬、「□□日記」。

～　★　九州・沖縄　★　～

福岡県＝［Ⓑ　　　］＋［筑後《ちくご》］＋［豊前《ぶぜん》］　ヒント＝□□煮。

佐賀県＝［Ⓒ　　　］

ヒント＝「肥の国」の北西側。都にやや近いので「前」。

長崎県＝［Ⓓ　　　］＋［Ⓒ］＋［壱岐《いき》］

ヒント＝Ⓓ□□海流、□□ヤマネコ。

熊本県＝［Ⓔ　　　］　ヒント＝♪あんたがたどこさ～♪

大分県＝［Ⓕ　　　］＋［豊前《ぶぜん》］　ヒント＝□□水道。

宮崎県＝［Ⓖ　　　］

ヒント＝□□灘、□□夏（宮崎原産の柑橘）。

鹿児島県＝［Ⓗ　　　］＋［Ⓘ　　　］

ヒント＝Ⓗ□□芋。Ⓘ□□半島。

沖縄県＝［Ⓙ　　　］　ヒント＝□□王国、□□ガラス。

ハマる!

都からの距離に応じて「前」「中」「後」
近江・遠江の「江」は琵琶湖と浜名湖だった！

旧国名の中には当時の都（奈良）に近い所から順に「～前・～（中）・～後」、あるいは「上～・下～」という具合に名付けられた国名があります。越前・越中・越後、備前・備中・備後、筑前・筑後、肥前・肥後、豊前・豊後、あるいは上野・下野、上総・下総（これは海路での遠近から）といった具合です。

江は入江の意味で、都の近くの琵琶湖近辺は近江、遠くの浜名湖近辺は遠江とされました。

「中国」地方も、律令国家を都からの距離に応じて「近国」「中国」「遠国」と分けた名残とする説が有力です。

［正解］は 137 ページを参照。

旧国名による日本地図

陸奥・陸中・陸前・磐城・岩代は、陸奥（みちのく）が明治元年に分割されて設置。

羽前・羽後は、出羽が明治元年に分割されて設置。

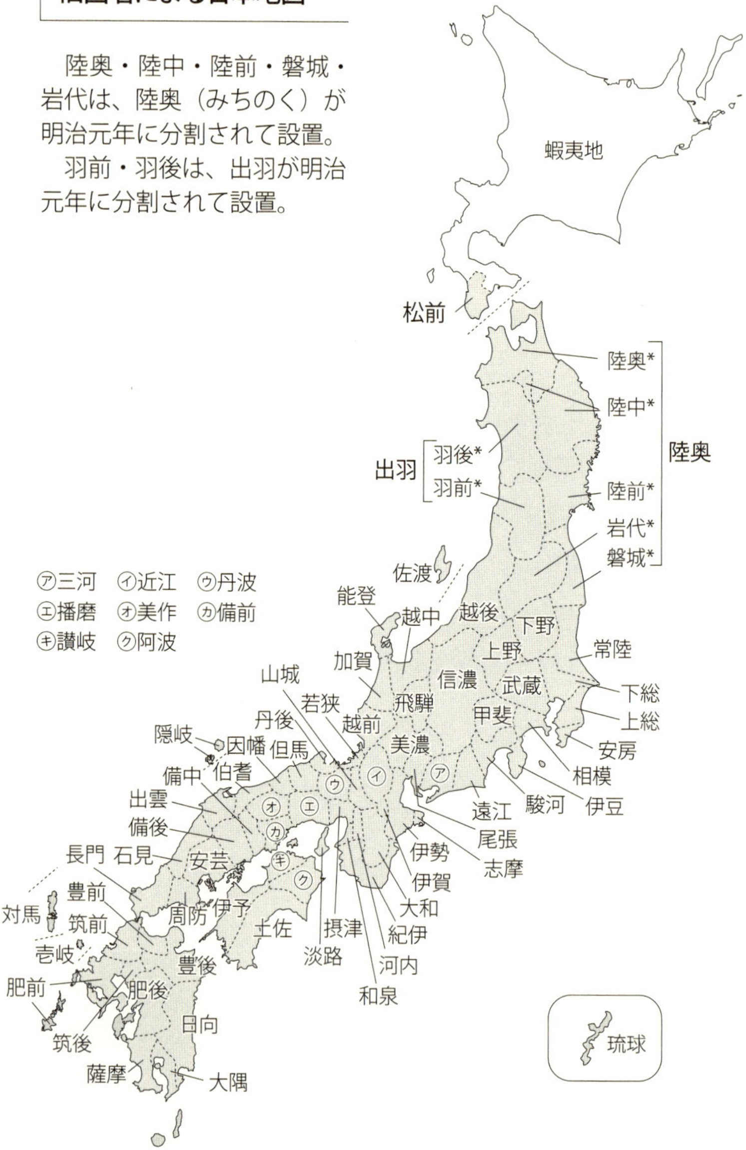

［正解］

★北海道・東北★

①松前（まつまえ）

②陸奥（むつ）

③陸中（りくちゅう）

④陸前（りくぜん）

⑤羽後（うご）

⑥羽前（うぜん）

⑦磐城（いわき）

★関東★

⑧常陸（ひたち）

⑨下野（しもつけ）

⑩上野（こうづけ）

⑪武蔵（むさし）

⑫下総（しもうさ）

⑬安房（あわ）

⑭相模（さがみ）

⑮甲斐（かい）

★中部★★

⑯佐渡（さど）

⑰越後（えちご）

⑱越中（えっちゅう）

⑲加賀（かが）

⑳越前（えちぜん）

㉑信濃（しなの）

㉒飛騨（ひだ）

㉓美濃（みの）

㉔伊豆（いず）

㉕駿河（するが）

㉖尾張（おわり）

★近畿★

㉗伊勢（いせ）

㉘志摩（しま）

㉙伊賀（いが）

㉚近江（おうみ）

㉛丹後（たんご）

㉜丹波（たんば）

㉝和泉（いずみ）

㉞河内（かわち）

㉟但馬（たじま）

㊱播磨（はりま）

㊲淡路（あわじ）

㊳大和（やまと）

㊴紀伊（きい）

★中国・四国★

㊵因幡（いなば）

㊶伯耆（ほうき）

㊷出雲（いずも）

㊸石見（いわみ）

㊹備前（びぜん）

㊺備中（びっちゅう）

㊻安芸（あき）

㊼長門（ながと）

㊽阿波（あわ）

㊾讃岐（さぬき）

㊿伊予（いよ）

Ⓐ土佐（とさ）

★九州・沖縄★

Ⓑ筑前（ちくぜん）

Ⓒ肥前（ひぜん）

Ⓓ対馬（つしま）

Ⓔ肥後（ひご）

Ⓕ豊後（ぶんご）

Ⓖ日向（ひゅうが）

Ⓗ薩摩（さつま）

Ⓘ大隅（おおすみ）

Ⓙ琉球（りゅうきゅう）

◎ 芭蕉ははたして忍者だったのか？

紀行文学は、地理文学！『奥の細道』に隠された秘密

紀行文学とは、地理文学です。しかし、子どもたちにその奥深さを伝えるのは至難の業。私は「芭蕉＝忍者説」を導入に『奥の細道』への興味を喚起させることにしています。

Q　次の『奥の細道』の句の（　）に入る言葉を下から選びなさい。ア～オの句が詠まれた場所を右のA～Hから選び、その記号を［　］に書きなさい。［難易度★★★］

ア…夏草や（　　　）どもが夢の跡　　［　　］

イ…荒海や（　　　）によこたふ天河《あまのがわ》　　［　　］

ウ…閑《しずか》さや岩にしみ入る（　　　）の声　　［　　］

エ…（　　　）のふたみに別れ行く秋ぞ　　［　　］

オ…しほらしき名や（　　　）吹く萩すすき　　［　　］

小松　兵（つわもの）　蟬　佐渡　蛤（はまぐり）

ヒント **ア**…世界文化遺産に登録された地での句。

イ…日本海の荒海に浮かぶ夜の（　　）島を想像しながらの句。

ウ…有名な寺での一句。

エ…句意は「（　　　）の蓋《ふた》と身《み》がはがれるように親しい人と別れてこの秋、伊勢の二見《ふたみ》に旅立つよ」。行程最後の句。

オ…句意は「（　　　）というかわいらしい名の地に、萩や薄《すすき》を揺らす秋風が吹いているよ」。

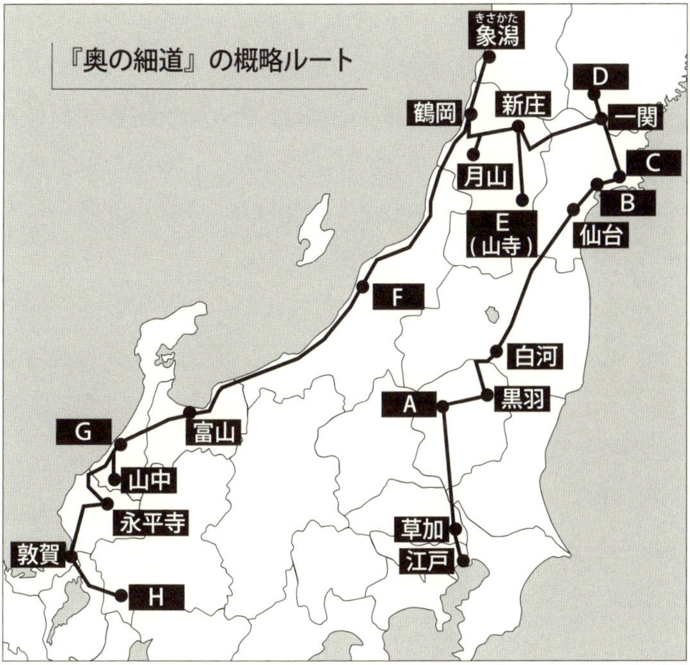

ハマる!

「芭蕉＝忍者説」否定の根拠は旅費の工面先を伝える史料から

「忍者説」は、芭蕉の出身地から語るのがお決まりです。

「芭蕉は伊賀上野生まれだから、忍者でも不思議ではない」

「だから『奥の細道』の東北行では1日60㎞も歩けた」

「150日分の旅費をどこから工面したかも詳しくわかっていないが、芭蕉が幕府の忍者なら、それも納得がいく」

「かつて役人として神田上水の工事の仕事に携わった芭蕉は、後楽園での工事の際に水戸の徳川家とも懇意になったらしい」

「忍者である最大の証拠が『奥の細道』のルートだ」

ここまで話した後に授業では、設問で挙げたいくつかの句を例示し、その場所を地図帳で確認させます。

そして**「芭蕉の歩いたルートには、どんな大名が支配していたのか**」を問うと「伊達氏や上杉氏など、有力な外様《とざま》大名が多い」という返答があります（江戸から遠い東北だから当たり前なのですが、ここでは触れません）。

そして「『奥の細道』は有力外様大名の動きをつかむ隠密《おんみつ》行動のカムフラージュだったのでは」とたたみかけるころには、「そうだったのか！」「芭蕉って、かっこいい」と、眠そうだった生徒の目も輝いてくるというわけです。

生徒が目を輝かせたら、「『芭蕉＝忍者説』はデマ！」と手のひらを返します。

私は「芭蕉は忍者ではなく、根っからの俳人だった」証拠として、その旅費の捻出方法を挙げることにしています。芭蕉が生きた元禄時代は、参加者が作った句を点者《てんじゃ》が採点しその点数を競う「点取俳諧《てんとりはいかい》」が流行していました。この俳諧は大名、武士から庶民まで広く巻き込んだ文芸で、芭蕉はその点者（採点者）をしていました。私は、『奥の細道』の旅費はここから捻出されたと考えています。『芭蕉書簡集』（元禄五年二月十八日）にも「点者の収入は豊かで、その妻子は飽食し店主もたっぷり家賃を手に入れている」と書かれているからです。

「芭蕉は忍者ではなかった」ことが伝わったころには、生徒たちの関心は『奥の細道』からすっかり遠ざかっていますが、私は、芭蕉、忍者、奥の細道、外様大名、点取俳諧などの言葉が子どもたちの脳裏にしっかりと刻まれたなら、この授業は成功だったと判断します。

授業だといつもこのあたりでチャイムが鳴ってしまうので、この問題の正解も下に書いておくだけ……としたいのですが、説明の要る句が一つだけあります。

イは、風景を読んだ句ではないとする説によりました。芭蕉が訪れた新暦８月半ばの日本海は荒れることはなく、佐渡の上に天の河がかかることはないそうです。当時、遠流《おんる》（最も厳しい流罪）の地だった佐渡に対する芭蕉の心象風景を読んだ句という解釈に納得しています。

[正解] ア…兵／D (平泉)、イ…佐渡／F (出雲崎《いずもざき》)、ウ…蟬／E (立石寺《りっしゃくじ》[山寺])、エ…蛤／H (大垣)、オ…小松／G (小松)

［A…日光、B…松島、C…石巻］

◎ 同じ地名は偶然の一致？

同一地名は江戸時代の出稼ぎ交流の軌跡！

「白浜」「勝浦」と聞いて何県を思い浮かべますか？　東日本の方なら千葉県、西日本の方なら和歌山県でしょうか。同じ地名があるのは、偶然でしょうか。

Q　和歌山と千葉の海岸沿いには、右のように同じ読みや漢字の地名がいくつもあります。なぜでしょうか。下のア～エから理由を選びなさい。［難易度★☆☆］

ア…姉妹都市、友好都市の町が多いから。
イ…昔、和歌山から千葉に移住してきた人が多くいたから。
ウ…昔の千葉と和歌山は支配・被支配の関係にあったから。
エ…江戸時代までは同じ大名が治めていたから。

ヒント　①江戸時代（17世紀半ば）の和歌山県は親藩、千葉県はほぼ幕府の直轄地でした
②綿作りに関係しています。
③同じ名字もよく見られます。

和歌山県
網代《あじろ》
目良《めら》
古江見《こえみ》
勝浦
白浜

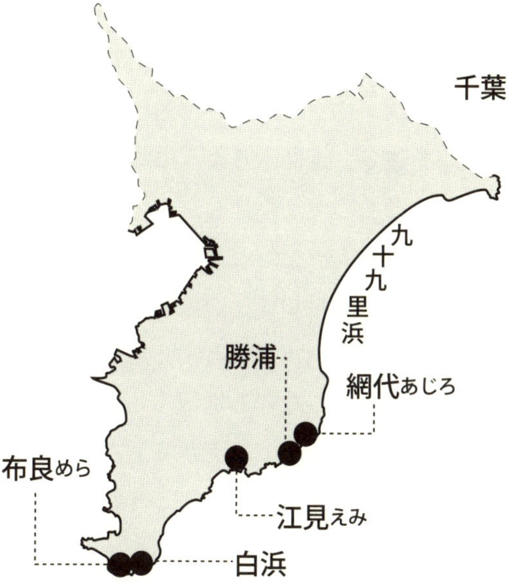
千葉県
九十九里浜
勝浦
網代《あじろ》
布良《めら》
江見《えみ》
白浜

ハマる!

黒潮が結びつけた和歌山と千葉
銚子の醤油づくりも和歌山ルーツか

ウ、エについては ヒント ①から、まちがいとわかりますね。

ヒント ②を出すと、子どもたちは「綿作りを広めるため千葉の人が移住した」と答えますが、答えはノー。**両地域をつないだのは綿作り用の肥料のニーズでした。**それを可能にしたのは、太平洋岸を西から東に流れる黒潮でした。

「ほしか（干鰯）」という言葉を聴いた記憶はありませんか。17 世紀の畿内《きない》（山城・大和・河内・和泉・摂津）では綿作りがさかんで、その肥料として干鰯（脂をしぼったイワシを乾して作った肥料）が使われました。

やがて需要が増すと、畿内から漁民がイワシを求め、黒潮に乗って房総半島の九十九里浜にやってくるようになりました。九十九里浜ではイワシがたくさん獲れたからです。漁民は浜に掘立小屋を建て、定住するようになりました。これが、和歌山から千葉に多くの人が移住した理由の一つです。

和歌山から海に出ると、エンジンがなくとも黒潮に乗って船は千葉県銚子沖にたどりつくといわれています。銚子の一大産業、醤油作りも和歌山ルーツとする説が有力です。

陸路ではなく、海路でつながる地理のおもしろさ。そういえば、インド半島を回りこんで紅海から地中海にぬける「海のシルクロード」という海路もありましたね。

［正解］イ

◎「漢数字＋●」を含む市は３つだけ！

数＋●＋◆、数＋●＋▲の●、◆、▲に入る漢字は？

地名は、歴史の生き証人。先人の暮らしぶりを伝えるメディアと言っても過言ではありません。

Q　地図に着色した県は、次のパターンの市名が残る県です。

［漢数字］＋●＋◆（市）

［漢数字］＋●＋▲（市）

●、◆、▲には、それぞれどんな漢字が入るでしょうか。

［難易度★★☆］

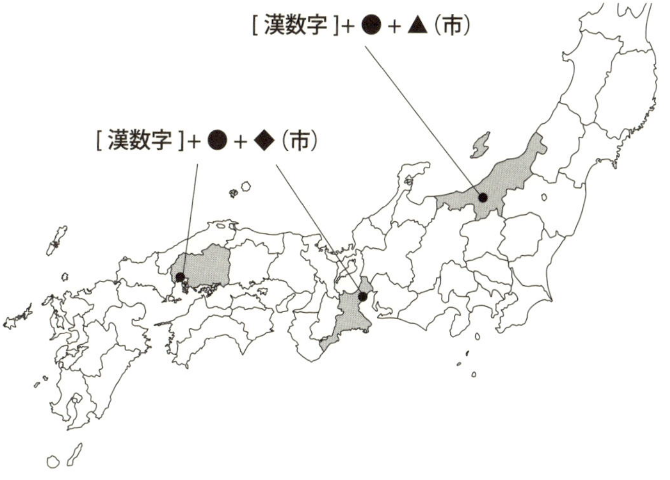

ハマる!

「漢数字＋日＋町・市」は鎌倉時代の定期市が由来
定期市のない市に住んでいたのは……

「漢数字＋日＋町」や「漢数字＋日＋市（場）」の市町村名・町名は全国にいくつあるでしょうか。10？　50？　私は少なくとも360以上、確認しました。最多は「五日町」で60以上ありました。岩手県には「久慈市二十八日町《にじゅうはちにちまち》」があります。

授業では、このような地名は鎌倉時代からはじまった定期市に由来していることを説明し、教科書の図版から農民が織物、米、魚、鳥、備前焼（と想像できる焼き物）などの商い

各地の○日市、○日町、○日市、○日市場、○戸町など

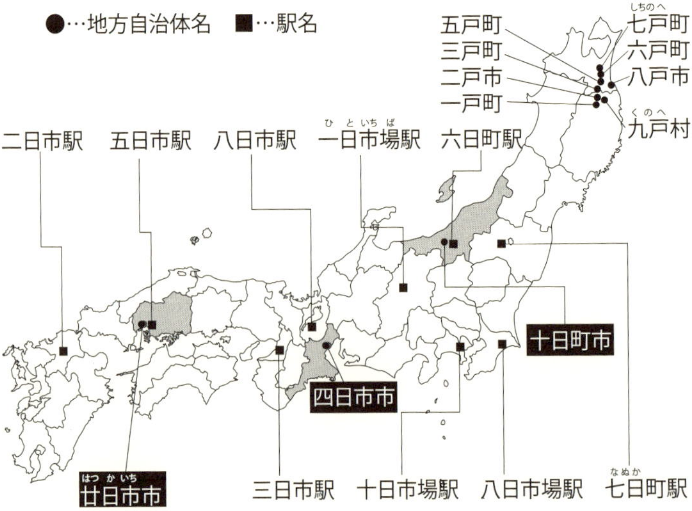

をしていることを読み取り、農機具・織物・陶器などの手工業の発展と、貨幣経済の発展がこうした定期市が開催できる社会を生み出したことを学びます。

「定期市は、八日市なら、八日・十八日・二十八日の月３回ですよね。**それ以外は市《いち》で、何をしていたのですか？**」と、こんな鋭い質問を受け困ったことがありました。

当時の絵図などから推察するに、当時の市は非常に粗末な掘立小屋で行われていました。市のない日は、野宿者の寝ぐらだったと考えるのが妥当ではないでしょうか。

「漢数字＋日＋町・市」で地理を学ぶなら「四」と「五」の町を訪れてみてください。四日市市（三重県）はかつて「公害の町」でしたが、昨今は工場の煙の少ない町となり船から夜の工場群を見学する「工場萌えツアー」が人気です。

五日市（東京都あきる野市）では、大日本帝国憲法制定当時、地元の青年たちが学習会をしてまとめた、当時としては進歩的かつ民主的な憲法案「五日市憲法」が発見された土蔵を訪ねることができます。

なお、前ページの地図に挙げた岩手県と青森県の県境に広がる「数字＋戸《へ》」の地名は定期市ではなく、平安時代のその一帯の地名、糠部《ぬかのぶ》郡の中の地域名が由来とする説が有力です。「糠部郡一戸《いちのへ》（＝一地区）」「糠部郡二戸《にのへ》（＝二地区）」というようなイメージです（「四戸」はない）。

［解答］●…日、◆…市、▲…町

◎ 海路の歴史は日本の歴史

昆布流通と歴史の転換点をつなぐ点と線とは？

国内昆布の９割以上を生産しているのは北海道ですが、その消費量１位は本州の○○県です。その流通の歴史をたどると、なんとあの国と、あの歴史の転換点にたどりつきました。

Q　昆布の全国消費量１位の都市名を、下のア～エから選びなさい。また、江戸時代末の昆布の流通に関係した正しい組み合わせを、次のＡ～Ｄから選びなさい。［難易度★★★］

ア…大津市　イ…横浜市　ウ…富山市　エ…奈良市

Ａ…水戸（常陸）― 薩摩藩 ― 琉球 ― 米国
Ｂ…富山（越中）― 薩摩藩 ― 琉球 ― 清（中国）
Ｃ…富山（越中）― 薩摩藩 ― 琉球 ― 米国
Ｄ…大津（近江）― 薩摩藩 ― 琉球 ― 清（中国）

ハマる!

昆布消費の多寡は西回り航路の影響
薩摩藩は昆布貿易で財を蓄え明治維新に

昆布消費量の1位の都市は富山市で、1世帯あたり年間847グラムほど消費しています。2位以下は大津市、金沢市、奈良市、京都市と続きます（2008～2010年平均)。北海道やそれに近い場所が一大消費地でなく、なぜ海をへだてた富山市や近畿圏なのでしょうか。これは「昆布ロード」といわれる江戸時代の交易船のルートと関係するとされています。

江戸時代の昆布は、北海道から大阪に運ばれる北前船の中継地点である富山（越中）に運びこまれ、人々の口に入りました。いわゆる西回り航路です。ここで生徒から質問です。

「どうして、日本海側を通るのですか」

それは、武家諸法度の規制で当時の船は500石《こく》積《づ》み（75トン）以下の小型船に限定され、太平洋の荒波は危険と判断されていたからです（大名統制のための武家諸法度が日本海岸の繁栄をもたらしたというのも皮肉な話です)。

ここに富山の地場産業、「薬」がからんできます。江戸時代の町民は他の藩の領内に入ることは原則、禁止されていましたが、薬売りは人命にかかわるため例外的に許可されていました。

これに目をつけた薩摩藩は、富山の薬売りを領内に入れる際に富山から昆布を仕入れ、支配下にあった琉球を通して清（中国）に昆布を輸出する一方、漢方薬の材料を清から輸入し、富山の薬売りなどに売り財を築きました。当時、昆布は清で薬として、とても重宝されていたのです。

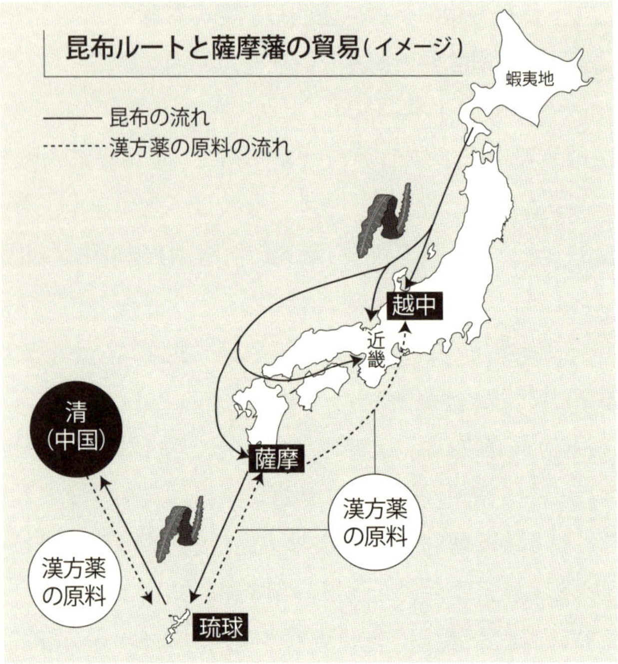

こうして薩摩藩は昆布貿易などによって潤ったおカネで兵器工場などを建設、明治維新の立役者となりました。

越中（富山）の薬売りが裏方とはいえ歴史を動かし、北海道産の昆布が明治維新につながる財源となった……。地理を意識すると、歴史の醍醐味がより味わえる事例です。

［正解］ウ、B

◎ 農業中心だったから人口分布もちがう！

1876年当時の人口最多の地域は今の□□県だった！

明治初期の日本は、まだ農業が中心の社会でした。ですから、人口集中地域も、21 世紀の今とは異なります。

Q **次のア～ウの「1876年（明治9年）当時の府県」で、人口の多い方に○をしなさい。当時の府域・県域は下の地図で確認しなさい。**［難易度★★★］

ア…島根県　ＶＳ　東京府
イ…石川県　ＶＳ　大阪府
ウ…新潟県　ＶＳ　山口県

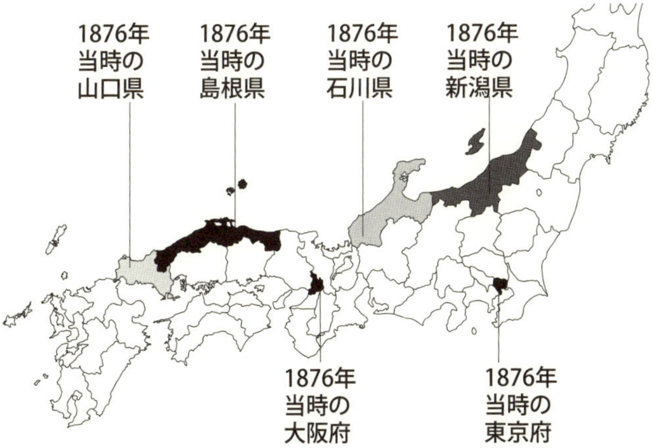

ハマる!

当時の人口なら元「加賀百万石」お膝元の石川県！今の区分なら新潟県が全国１位だった

これは難易度★★★です。みなさんが、次の生徒と同じような思考回路をたどったとしても不思議ではありません。

「**ア**は、東京でしょ。首都だから。島根よりは多いはず」

「**イ**は、江戸時代に商業の中心だった大阪にまちがいなし」

「**ウ**は、米作りの中心地、新潟でしょ」

順に説明しましょう。

ア　江戸が「東京」とされたのは1868年（明治元年）。1869年に明治天皇が暮らしはじめ、「首都」になりました。その後、1871年の廃藩置県で誕生した300府県は1876年に再統合され38府県にまで減りました。当時の東京府の人口は87万人、島根県（今の鳥取県を含む）は101万人でした。なぜ、島根県に多くの人がいたのでしょうか。

今とちがい、**当時、日本は農業中心の社会だったので「どこでも米作りが中心」で、地域による人口格差がほとんどありませんでした。**島根県は良好な漁場にも恵まれ、中国山地産の木材は建築材、燃料（木炭）などにも使われました。牧畜もさかんでしたから、人口が多かったとしても不思議ではありません。

イ　1876年当時の日本の人口は約3,600万人。その日本で最も人口が多かったのは、今の富山・石川・福井（の一部）を県域とした「当時の石川県」（189万人）です。米農家も多く、江戸時代に隆盛を極めた「加賀百万石」のお膝元として人口が多い地域でした。

ウ　左の「当時の石川県」に次ぐ人口を誇っていたのが「当時の新潟県」(149万人）でした。当時の新潟県は現在とほぼ同地域ですので、今の県域で比較すると、1876年当時、日本で人口最多の県は今の新潟県の地域だったと言えます。

新潟県が最多だった一つ目の理由は江戸時代、佐渡島があったからです。佐渡島は幕府の直轄地であり、金山がありました。金を媒介に、多くの鉱山夫や商人が行き来していたのです。

二つ目は、それまで大阪と北海道を結ぶ北前船の港があり、商取引のために多くの人が住んでいたからです。

1858年に結ばれた日米修好通商条約によって新潟港が外国船に開港されたことも無視できません。また、越後平野は江戸時代から米どころとして、多くの口を養ってきました。

このような地理的・歴史的要因から新潟県は1898年に東京に抜かれるまで人口1位を誇っていました。

日本海側と太平洋側の経済格差が現れるようになったのは、明治以降の殖産興業や鉄道などのインフラ整備が太平洋側を中心に展開されてからのこと。それまでは、日本海側にはたくさんの人が暮らし、経済活動がさかんだったのです。

［正解］ア…○島根県（約101万人）＞東京府（約87万人）
イ…○石川県（約189万人）＞大阪府（約55万人）
ウ…○新潟県（約149万人）＞山口県（約84万人）

◎ ホントはどうなの？　北方領土！

国境線移動の歴史を地図でおさらいする！

領土問題は先占者（先に領土として主張した国）と実効支配者（今、その地域を支配している国）がちがう現実に、どんな決着をつけるかに尽きます。

文部科学省は小学校社会科の学習指導要領で、北方領土についてこう指示しています。「我が国固有の領土である（四島が）現在ロシア連邦によって不法に占領されていることや、我が国がその返還を求めていることにも触れる」。

しかし、大人でも経緯をしっかり把握していない領土問題を、小・中学生に「日本の領土である」と教えるだけでは不十分です。歴史的な事実を、設問のように条約と地図でたどりながら学ぶ必要があります。

読者のみなさんも雰囲気に流されず、まず史実は地図で確かめてみましょう。

Q 北方領土をめぐる国境線の変化を示す下の㋐〜㋓の地図を、古い順に並べ替えなさい。［難易度★★★］

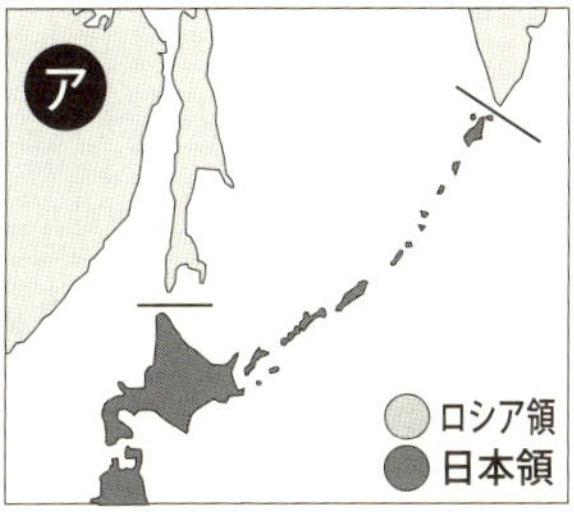

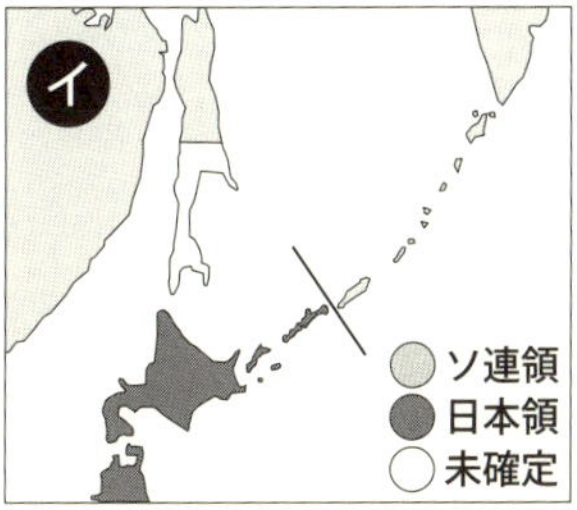

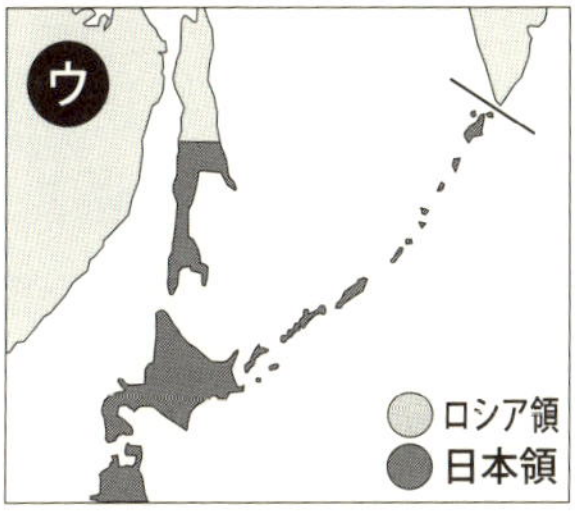

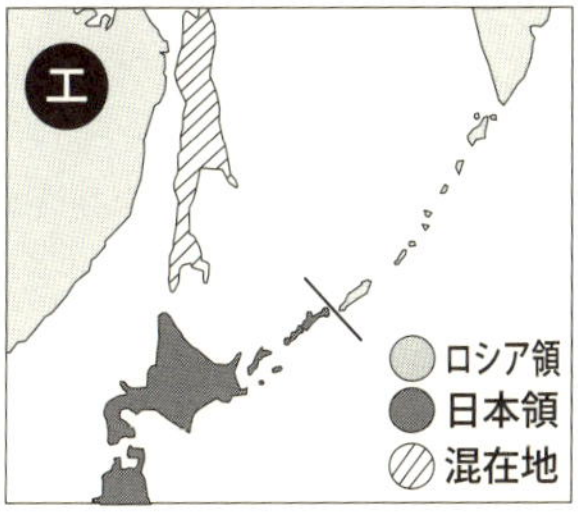

ヒント ㋐〜㋓は、下の条約による国境線です。

1855 年・日露通好条約

1875 年・樺太千島《ちしま》交換条約

1905 年・ポーツマス条約

1951 年・サンフランシスコ平和条約

ハマる!

先占したのはどちらだったのか
ロールプレイで考えさせる理由は…

まず、史実を地図で確認しましょう。

① 1855 年・日露通好条約…［㋓］択捉《えとろふ》島以南は日本の領土。樺太《からふと》は両国民の混住の地となる。

② 1875 年・樺太千島交換条約…［㋐］日本は樺太を放棄し千島列島全域を譲り受ける。

③ 1905 年・ポーツマス条約…［㋒］南樺太は、日本の領土になる。

④ 1951 年・サンフランシスコ平和条約…［㋑］日本は千島列島と南樺太を放棄。ただし「放棄した『千島列島』に北方四島は含まれない」というのが日本の主張。南樺太を着色していないのは、ソ連が結局この条約に未署名で、国際的にその所属が確定していないから。

条約上は、明らかに日本の領土（先占）であるのに、現在ロシアが実効支配しているのは、1945 年８～９月にソ連（当時）が四島を占領し、そのまま自国領にしたことに始まっています。さらに、ソ連がサンフランシスコ平和条約に未署名だったことも、問題をややこしくしています。

北方領土を退去させられた日本人はおよそ 1.7 万人。現在、北方領土には約 1.4 万人のロシア人が生活しています。

私は授業で、関係者によるロールプレイを生徒にさせることで、領土問題を考えさせることにしています。**子どもたちには「お互いの主張を理解した上で、自分の考えを相手に伝える術《すべ》」を身につけてほしいからです。**

・島の元日本人住民…先祖の墓もあるし、故郷にもどりたい。
・北海道の中学生…あきらめる以外にないのでは。
・返還要求をする経済界…返還されて当然。経済水域も広がる。島には観光地もあるから経済的にも困らない。
・島に住むロシア人…いまさら、出て行けと言われても困る。
・島の若者…腹が立つが、元々日本のものなら仕方ないか。
・返還拒否のロシア人…日ロは平和条約を未締結。返還して米軍基地を作られたら、ロシアにも脅威。立ち退けない。

子どもたちは報道される一連の領土問題やニュースについて、必ずつぶやいています。「あの国って、ホントひどいよな」「あの事件、どうなったの？」。そんなつぶやきを耳にしたら、上のような「お互いの主張を理解するしかけ」をつくり、語り合ってみましょう。

[解答] エ→ア→ウ→イ

よこみちコラム

大阪「肥後橋」「阿波座」の由来は？ 東京「六本木」は六軒の大名屋敷から？

2013年、重厚な雰囲気を醸し出すホールに新装した大阪のフェスティバルホールの最寄り駅は「肥後橋」駅（大阪市営地下鉄）です。この駅名の由来は何でしょうか。

江戸時代の"大坂"は「天下の台所」、全国の商業の中心でした。各藩の特産品を販売する蔵屋敷がおかれ、繁栄していました。肥後といえば、現在の熊本。肥後橋は当時、肥後藩の蔵屋敷が置かれていた地でした。同様に「阿波座」駅（同上）も阿波、つまり現在の徳島県の蔵屋敷が置かれていたことに由来する名称です。駅名ではありませんが、豊臣の時代に土佐からの商人が住んでいた「土佐堀」や、江戸時代にできた運河がかつて流れていた「江戸堀川」という地名も残っています。

東京では、板橋区「加賀」が、21万坪（約70ha）という加賀百万石の蔵屋敷に由来しています。興味をそそられるのは、「六本木」の由来です。六本の木があったからという説に加え、青木、一柳《ひとつやなぎ》、上杉、片桐、朽木《くつき》、高木という木に関係した名字の六軒の大名屋敷に由来するという説もあります。

江戸時代の屋敷町は、現代に息づいています。

Part 5
目からウロコの地球の地理！

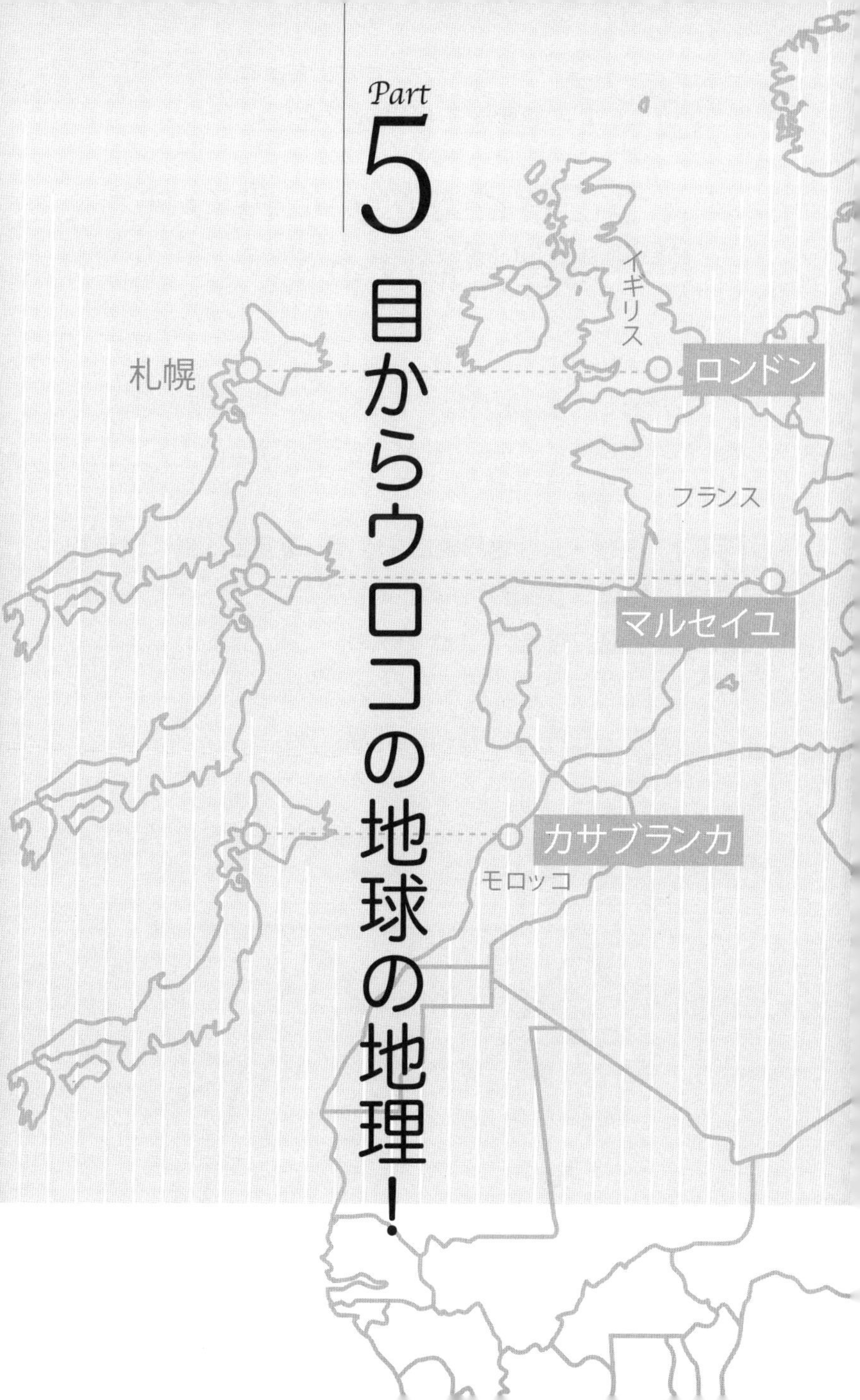

◎ ほぼ一筆書きで世界地図を描く

「うさぎとかめ」に合わせて世界地図が描ける！

日本地図を描ける歌があるのですから、世界地図が描ける歌もあります。というか、私が、考えました。

Q **次ページは世界地図をほぼ一筆書きで描く歌です。童謡「うさぎとかめ」のリズムで、ア〜キに入る言葉を次から選びなさい。**［難易度★★★］

五角形　三角形　長四角　南極　線　イナズマ　谷

ヒント　下が、完成した世界地図です。

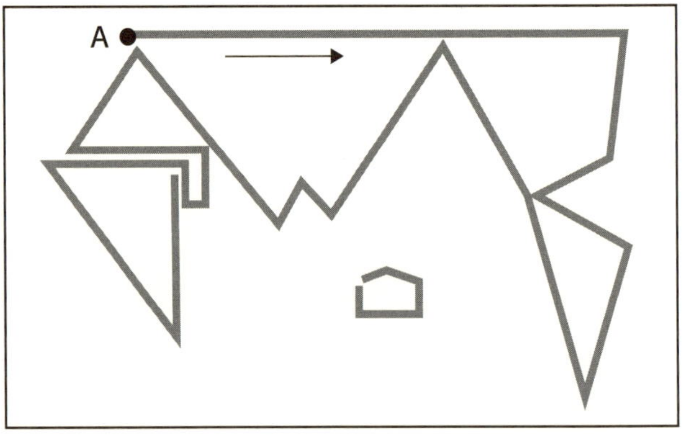

♪　だれでも世界地図が描ける歌　♪

※歌詞の区切りは「うさぎとかめ」を想定。

♪　①もしもし　描くよ　世界地図
右へ　［**ア**　　　］を　まっすぐに
大きな　［**イ**　　　］　下に　落ち
いったい　これは　どこだろか

②イナズマのカドを　通るよ（う）に
斜めに　上に　［**ア**］を引く
北米　南米　できあがり
次は　アジアと　ヨーロッパ

③アジアは　二つの　［**ウ**　　　］　つくり
［**エ**　　　］の　ヨーロッパ
ここまで　きたら　あと少し
中東　アフリカ　仕上げるぞ

④アラビア　半島は　［**オ**　　　　］
アフリカ　直角［**エ**］
最後は　とんで　［**カ**　　　　］
オーストラリアの　完成だ

⑤よくよく　見たら　二筆《ふたふで》だ
［**キ**　　　　］　大陸　ないけれど
とっても　楽しく　描けたから
少しは　大目に　見てくれよ♪

ハマる!

三角形、四角形、五角形で世界地図が完成！六大陸もすべて覚えられる！

「だれでも世界地図が描ける歌」の手順とポイント

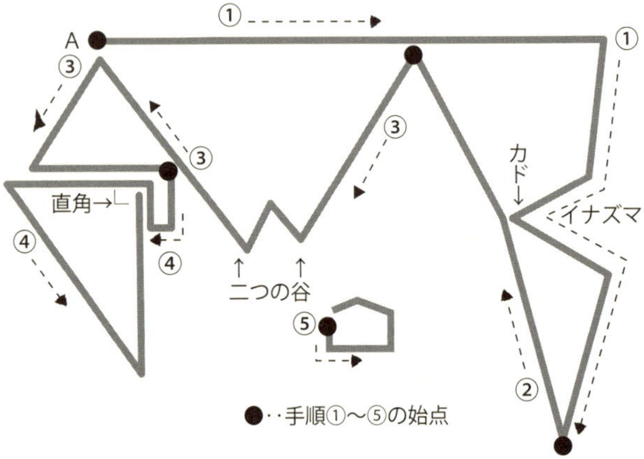

ぜひ親子で挑戦してみてください。だれかに、どちらがうまいか判定してもらうと、がぜんやる気になりますよ。

授業では、まず「世界地図をじっくり２分間、観察しましょう」と指示します。次に黒板の左上にチョークを置き、この歌にそって手順①～⑤にそって描いていきます。

教えるほうも教わるほうも、楽しい授業です。前に出て黒板に書くのを嫌がる生徒もいません。一筆書きをしながら、大陸の名前を覚えることもできます。

［正解］ア…線　イ…イナズマ　ウ…谷　エ…三角形　オ…長四角　カ…五角形　キ…南極

◎ 地球を宇宙から眺めると…

陸半球の中心は？
水半球の中心は？

いま、あなたの宇宙船は、つねに地球の半分の地表（半球）が見える宇宙空間を飛行しています。この宇宙船から地球の写真を撮ります。

Q **最も陸地が広く見えるのは、地図で示した㋐～㋓のどの上空ですか。また、最も海が広く見えるのは、どの上空ですか。**［難易度★★☆］

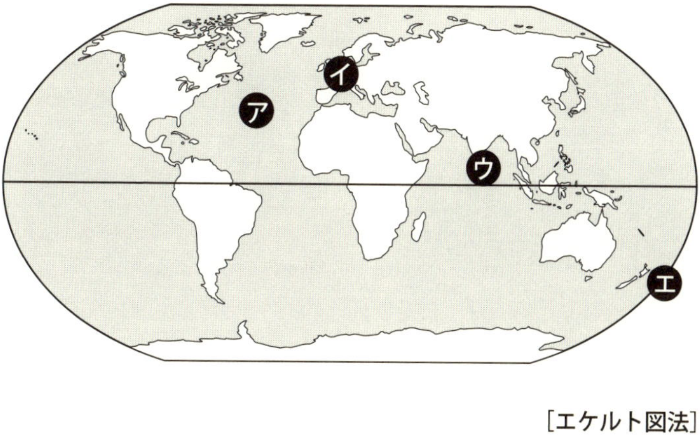

［エケルト図法］

ハマる!

陸地が広く見えるのはフランス上空
海はニュージーランド沖の上空から！

前ページのア～エの上空から半球を撮影したイメージをイラストにしました。イは**陸半球**、エは**水半球**といいます。

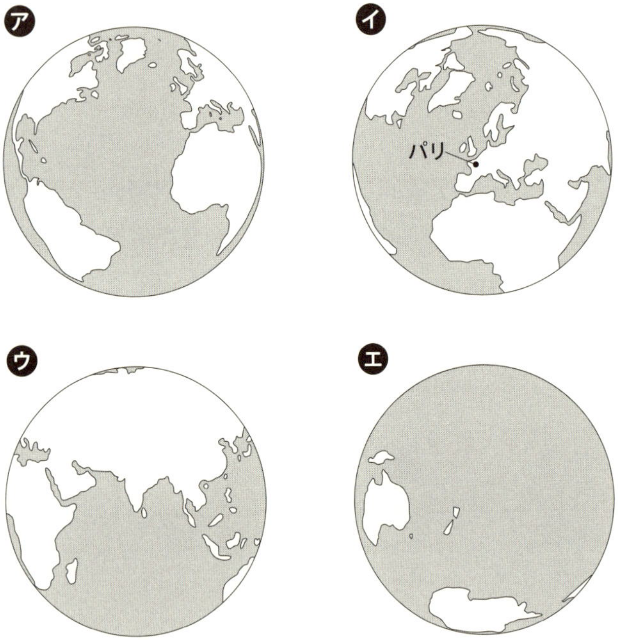

地球の陸地対海洋の面積比は３対７です。これはジョーシキですが、授業ではもうひとひねり加えた問いを投げかけます。「**陸半球では、陸地と海洋どちらが広いでしょう**」。おわ

かりになりますか。答えは、49 対 51。陸半球でも、海洋のほうがわずかに広いのです。そして、全陸地面積の 84％を含んでいます。その意味で、陸半球のほぼ中心に位置するパリは、時間的・距離的に世界中から人々が集まりやすい好位置にあることが理解できます。

水半球はどうでしょう。次の発問をします。

「水半球では、全海洋の何%が含まれていますか？」

「水半球に属さない海洋はどこですか？」

前者の答えは、64％。陸地と海洋の面積比は 1 対 9 です。後者は、㋓の図をよくご覧ください。水半球には、大西洋が含まれていませんね。

私たちは今のところ、本物の宇宙船に乗れませんが、地球儀があれば上の様子は簡単に確かめられます。お試しあれ。

［正解］陸地が最も広く見える…㋑
海が最も広く見える…㋓

◎ ステレオタイプを疑う

アフリカにペンギンはいる？　いない？

アフリカに対しては、わずかなイメージしか持てない方が多いのではないでしょうか。生徒に聞いても「暑い」「砂漠」「貧しい」「内戦」「植民地」という限られたイメージしか持っていない子が多いようです。

たとえば、「アフリカの砂漠は、砂の砂漠」と思いこんでいる生徒がとても多い。しかし、事実を確認すると、アフリカの砂漠の大部分は、岩や石ころの砂漠です。

このようにステレオタイプの認識を疑い、考え、事実を知る機会が増えれば、思考に対立と葛藤が生まれ、「へ〜っ！」「そうだったんだ！」と、当該地域に対する興味と関心が高まります。

右は、アフリカに生息する動物を切り口に、アフリカの気候に対する思いこみを疑い、考えるための設問です。

Q 下のア～ケから、アフリカ大陸とその沿岸にいない生き物を二つ選びなさい。［難易度★★☆］

ア…ゴリラ

イ…クロサイ

ウ…ダチョウ

エ…フタコブラクダ

オ…アフリカゾウ

カ…マナティー

キ…ペンギン

ク…オランウータン

ケ…ヒトコブラクダ

ハマる!

南極からの寒流域にケープペンギンが生息 フタコブラクダはアジアのラクダ

選択肢で一番あやしいと思われたのは、**キ**のペンギンでしょうか。「ペンギン＝南極」というイメージが強いので、暑いアフリカには生息しないと考えた方も多いと思います。

しかし、アフリカには、アフリカンペンギンことケープペンギンが生息しています。場所は、南アフリカ共和国の南岸とその沿海。**このあたりは温帯なのに、なぜペンギンが生息しているのでしょうか。**これには、南極大陸の周りを西から東へ周回する寒流（南極還流）から分かれアフリカ大陸西岸を北上するベンゲラ海流（寒流）が関係しています。低温で栄養分に富んだベンゲラ海流は、ケープペンギンのエサとなる魚などの絶好の生息環境となっているのです。

エのフタコブラクダには「月の砂漠」の歌からアフリカのイメージが重なりますが、その生息地はトルコからモンゴルまで。いわば、アジアのラクダです。

ケのヒトコブラクダは、東は中央アジアから西は北アフリカ、東アフリカに生息しています。

クのオランウータンは、スマトラ島とボルネオにしかいません。それ以外の動物は、すべて中学生向けの地図帳でアフリカ大陸のページに載っている動物たちです。今の地図帳はよくできていますので、ぜひ一度、お子さんやお孫さんの地図帳をご覧になってみてはいかがでしょうか。

アフリカ大陸の気候は、大ざっぱにまとめると「赤道を中心として南北対称」になっています。赤道を軸に折り返すと、同じ気候帯が重なる気候風土なのです。北半球の地中海側から順に見ると、次のようになっています（英字は気候帯の符号）。

Cs	地中海性気候（夏に乾燥）……温帯		
BS	ステップ気候（草原）	乾燥帯	［←北回帰線付近］
BW	砂漠気候	乾燥帯	［←北回帰線付近］
BS	ステップ気候	乾燥帯	［←北回帰線付近］
Aw	サバナ気候（まばらな樹木と草原）	熱帯	
Af	熱帯雨林気候（多雨。暑い）　［←赤道付近］	熱帯	
Aw	サバナ気候	熱帯	
BS	ステップ気候	乾燥帯	［←南回帰線付近］
BW	砂漠気候	乾燥帯	［←南回帰線付近］
BS	ステップ気候	乾燥帯	［←南回帰線付近］
Cs	地中海性気候	温帯	
Cfb	西岸海洋性気候（農業に適する）	温帯	

アフリカは「暑い」「砂漠」だけの大陸ではありません。熱帯、温帯、乾燥帯に加え、タンザニアのキリマンジャロ（標高5,895m）のように氷河を残す山もある、実に幅広い気候帯に属し、自然が豊かな大陸なのです。

［正解］エ、ク

◎ 同緯度スライドで意外な事実を知る

札幌と同緯度はカサブランカ？ マルセイユ？　ロンドン？

　思いこみの正否を確かめるには、事実を検証し、その理由に納得するのが一番です。

「日本より北にある国は、どこも寒いと思いますか」

　小学生に上の質問をすると、答えはバラバラです。海外の国々に対するイメージがまだ少ないからです。大人のあなたは、どうでしょうか。

Q　日本列島を、緯度をそのままヨーロッパにスライドさせると、右の㋐、㋑、㋒のどの位置に来るでしょうか。［難易度★☆☆］

ヒント　①種子島《たねがしま》の緯度はカイロ（エジプト）とほぼ同じ。
②東京の緯度はテヘラン（イラン）とほぼ同じ。
③青森の緯度はバルセロナ（スペイン）とほぼ同じ。

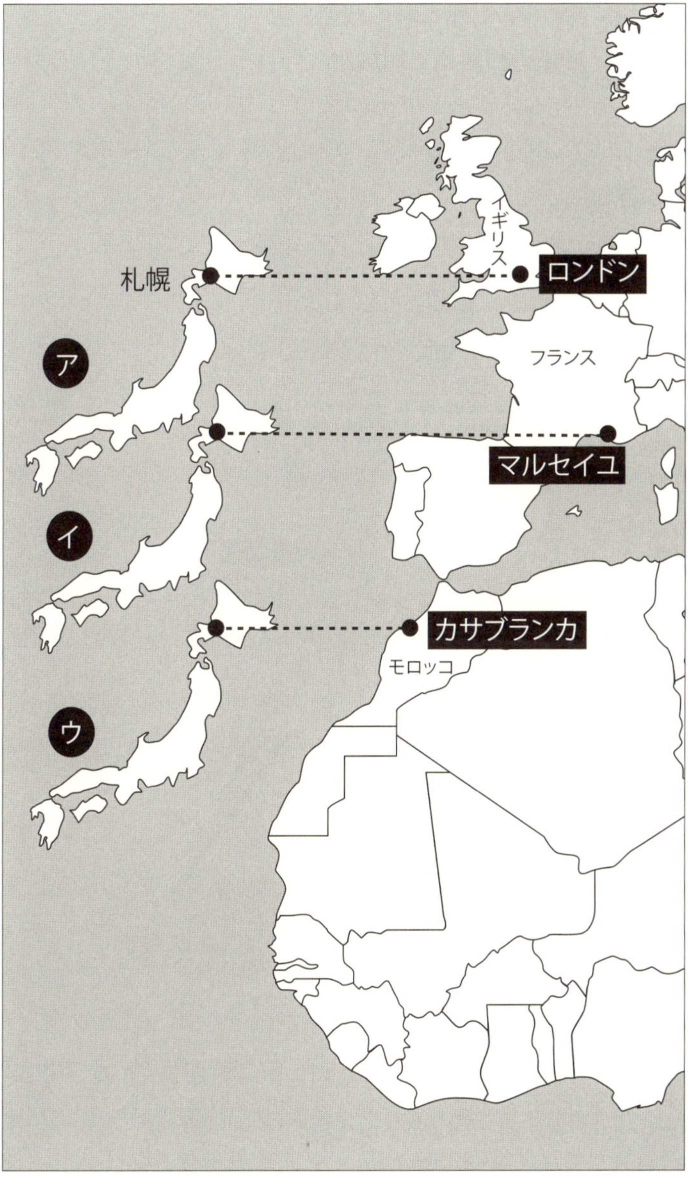
イギリス
札幌
ロンドン
ア
フランス
マルセイユ
イ
カサブランカ
モロッコ
ウ

ハマる!

「北なのに寒くない理由」を学ぶのが地理の醍醐味

アと答えた方が、多いのではないでしょうか。
「地中海は暖かい」
「ロンドンは日本より少し寒い。札幌くらいでは？」
というイメージがあるからです。

実際、ロンドンと東京では夏場の平均気温が８℃ほどちがいます（下図）。これは、東京と札幌の夏場の平均気温の差とほぼ一致します。

東京とロンドンの気温差

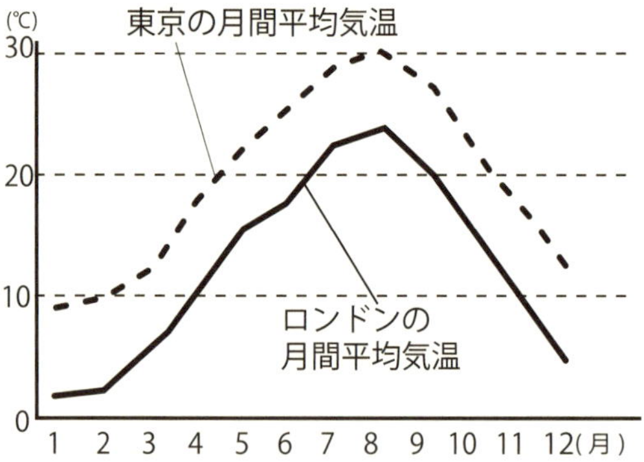

しかし、**ア**は、まちがいです。ロンドンの緯度（北緯51度）は、日本近辺では稚内《わっかない》より北のサハリン（樺太）中部の位置に相当します。イギリスはそれほど高緯度にありながら、な

ぜ暖かいのでしょうか。それは、ロンドンのあるグレートブリテン島沖の海に、アメリカ東海岸沖の北大西洋に始まる北大西洋海流という暖流が流れこんでいるからです。暖流が運ぶ暖気によってイギリスおよび大西洋に面するヨーロッパの沿岸は、比較的高緯度に位置しながら、極端な寒気に悩まされることが少ないのです。

このように地球的な視点で地理を学ぶことで、「北に位置するほど気温が低い」というのが、単なる思いこみであることがわかります。気候は、さまざまな条件によって変化します。子どもたちには「南半球では北が暖かく、南が寒い」という事実も教える必要があります。

高緯度の国にとってはかつて、凍らない港、不凍港を持つことが切実な願いでした。たとえば帝政ロシアが不凍港を求める南下政策によってクリミア戦争（19 世紀半ば）や日露戦争（20 世紀初頭）が勃発したと子どもたちに教えれば、緯度や海流に対する興味もわくはずです。クリミア戦争は、看護婦として志願して従軍したナイチンゲールの話題と結びつけるとよいでしょう。地理と歴史は密接につながっていると直感的に理解できるはずです。

［正解］ ❶

◎ 理由は大航海時代に遡る！

太平洋にはなぜ「てん」があるのか？

小学生によく聞かれる質問です。理由を知れば、もうまちがえることはありません。

Q　太平洋は「太」平洋と書く理由を下のア〜ウから選びなさい。それと関連した人物をカ〜クから選びなさい。［難易度★★☆］

ア…大に「てん（、）」をつけて、大海に浮かぶハワイ諸島を表したかったから。

イ…大を太とまちがえた翻訳が定着したから。

ウ…波が静かな「太平な海」という意味から。

カ…マゼラン

キ…ヴァスコ・ダ・ガマ

ク…コロンブス

ハマる!

太平洋は「静かな海」がルーツ 「大きくて平らな海」ではありません

「太平洋」は「太平」+「海」で理解します。

太平洋は、16 世紀初頭、マゼランが世界一周で太平洋を横断した際にその無風平穏ぶりに驚き、“El Mare Pacific”（静かな海）と命名し、それが「太平」と訳されたというのが定説です。太平洋は「大きく平らな海」ではなく「太平の海」の意味なのです。

一方、日本語の「大西洋」は「西方の大海」という意味ですが、大西洋は中国語でヨーロッパを表す「泰西」に由来し、泰西洋が「大西洋」という日本語として定着したとされる説もあります。

太平洋と大西洋は小中学生が最初に覚えなくてはならない海洋名です。「大西洋は『大西《おおにし》　洋《ひろし》』さんと覚えなさい！」などと言いながら授業を展開します。しかし、太平洋を「大平洋」と書く生徒は少なからずいるので、設問の授業を展開し、その由来を解説するわけです。

［正解］ウ、カ

◎「〜ア」の国名が難問です！

カタカナ国名しりとりで あなたの実力をチェック！

あなたは国名をどのくらいご存知ですか。2013 年現在、世界には 206 の国と地域があります。

次の３題は、地図帳や資料などで調べながら答えてくださってけっこうです。正解は 180 ページに掲載しています。

この国名しりとりは、ドライブで渋滞にはまって退屈したときなどの遊びとしておすすめです。思春期ど真ん中の中学生にはちょっとキツイですが、小学生なら喜ぶことまちがいなし。答え合わせ用に、車内に最新の地図帳を常備しておくとよいでしょう。

Q **国名のカタカナでしりとりをします。[①]〜[⑩]に入る国名を、切り出した地図の濃く着色した国からそれぞれ選びなさい。**

【ルール】国名は、カタカナ表記の部分とする。

（例：アラブ首長国連邦→アラブ）

ヒント　[　] の中□の数はカタカナの文字数です。

初級編 [難易度★☆☆]

タイ → [①□□□□] → アラブ →

[②□□□□] → ルクセンブルク →

[③□□□□□] →トルコ → [中級編へ]

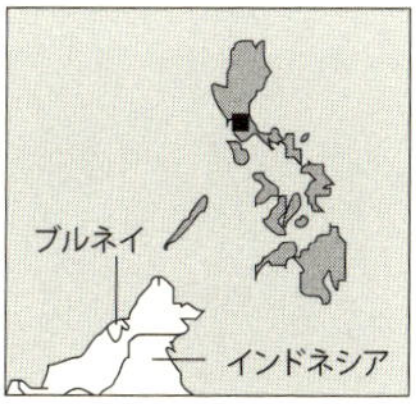

← 1,900km →

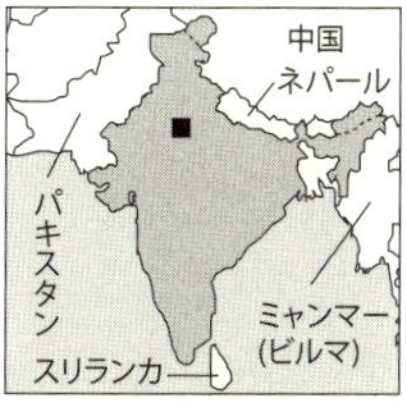

← 3,200km →

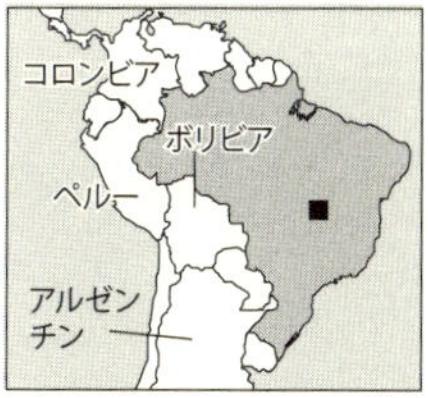

← 4,100km →

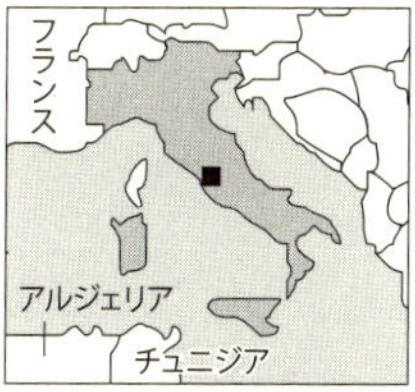

← 1,300km →

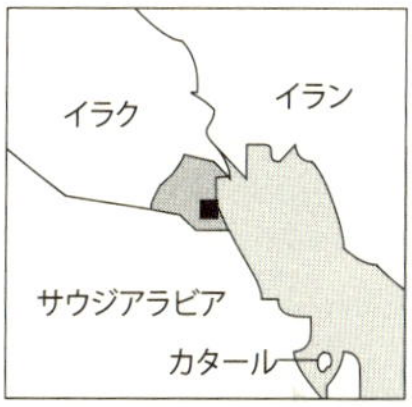

← 550km →

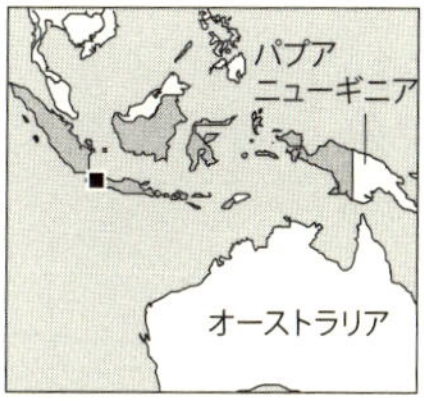

← 6,200km →

■…首都　距離データ…地図中央部の距離（目安）

ヒント ①長靴。

② 2014 年・サッカーワールドカップの開催国。

③世界トップクラスの産油国。

中級編[難易度★★☆]

トルコ → [④□□□□□□] → アメリカ →

→ [⑤□□□□□] → [⑥□□□□□□] →

アルメニア → [上級編へ]

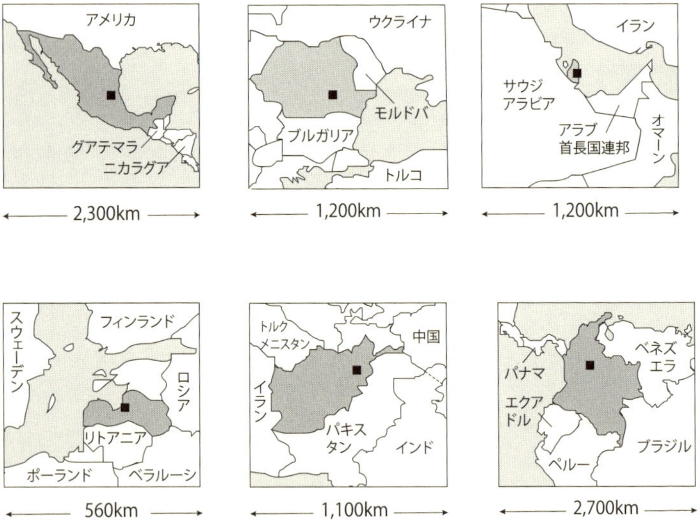

■…首都　　距離データ…地図中央部の距離(目安)

ヒント ④この国名のコーヒー豆が売られている。

⑤「ドーハの悲劇」。半島国家。

⑥国名の意味は「ローマ人の国」。

上級編 [難易度★★★]

アルメニア → [⑦□□□□] → **ラトビア** →

[⑧□□□□□□□] → **アンドラ** → [⑨□□□] →

スイス → [⑩□□□□□□□] → **ドイツ**

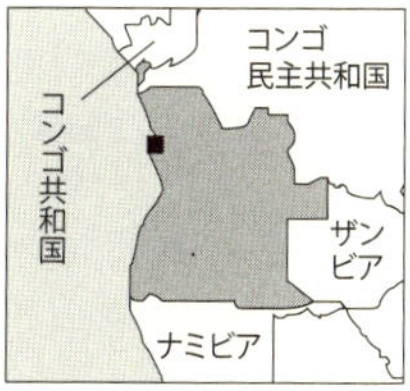

← 2,400km →

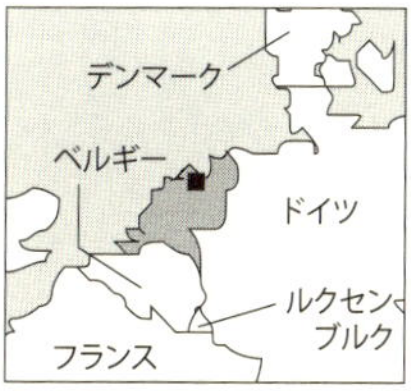

← 1,100km →

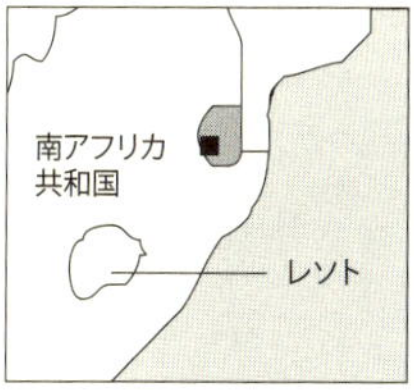

← 1,400km →

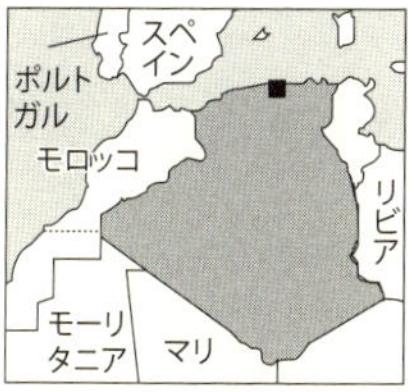

← 1,800km →

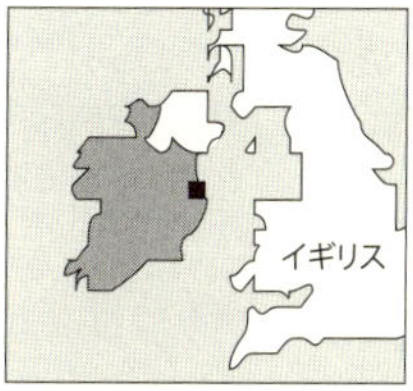

← 800km →

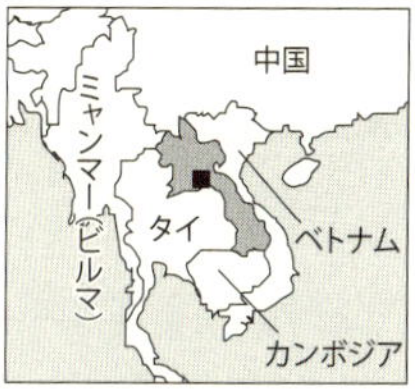

← 2,800km →

■…首都　　距離データ…地図中央部の距離（目安）

ヒント ⑦アフリカ南西部の国。首都はルアンダ。

⑧ 2010 年に隣国でジャスミン革命が起きた。

⑨東南アジア唯一の内陸国。

⑩南アフリカの内陸国。大多数がスワジ族。

ハマる!

国名しりとりは小学生には人気！
おうちでお試しをください

このような「国名しりとり」は、授業では「国名ゲーム」の一つとして扱います。「２文字の国名を１分以内に、三つ書こう」「３文字の国名を１分以内に、五つ書こう」。同様に「アのつく国名、イのつく国名を書きだそう」。時間と戦いながら楽しく国名を覚えていく授業です。

本設問も、その一環です。ここでは「初級」「中級」「上級」の三つを紹介しましたが、「超初級」「最上級」など 10 種類ほど用意しておき、順次、挑戦させる手法で学習意欲を高めていきます。

［正解］★初級編…①イタリア、②ブラジル　③クウェート
★中級編…④コロンビア、⑤カタール、⑥ルーマニア
★上級編…⑦アンゴラ、⑧アルジェリア、⑨ラオス、⑩スワジランド

※参考（着色した国名：左上から順に）**初級編**→フィリピン、インド、ブラジル、イタリア、クウェート、インドネシア
中級編→メキシコ、ルーマニア、カタール、ラトビア、アフガニスタン、コロンビア
上級編→アンゴラ、オランダ、スワジランド、アルジェリア、アイルランド、ラオス

◎ 資源の分配を左右する大問題

海か、湖か？　それがなぜ大問題なのか？

内陸にあるから湖？　塩水だから海？　いえいえ、真意は別のところにあるようです。

Q　カスピ海を、イランは「湖」、ロシアやアゼルバイジャンなどは「海」と主張しています。主張が違う理由を次のア～ウから選びなさい。［難易度★★☆］

ア…「海につながっていないから湖」とする地理的見解と「塩水だから海」とする見解で割れているから。

イ…カスピ海を海とした文化を持つ国と、湖とした文化を持つ国で意見が割れているから。

ウ…湖と海では、自国が管理できる水面および地下資源の範囲がちがってくるから。

ハマる!

海なら領海＋ＥＥＺ。湖ならば共有財産
管理できる水域の広さが大きく変わるのです

生徒たちにカスピ海（面積は日本とほぼ同じ）を地図帳で探しださせ、「カスピ海は海か、湖か」と問うと、
「カスピ海だから、海では？」
「まわりが陸地だから、湖」
「淡水だから、湖」（カスピ海は塩湖です）
などという答えが返ってきます。生徒は正直、このたぐいの問題には興味がありません。しかし、海か湖かは、領海と経済水域を考える場合、重要です。

19 世紀から採掘が始まったバクー油田（右図）に代表されるようにカスピ海は元来、埋蔵資源が豊富な、ペルシャ湾に次ぐ豊かな「海」とされてきました。そのカスピ海に 1990 年代、新たな油田が発見されました。

カスピ海が海と規定されると、海洋法条約の適用を受け沿岸国は領海プラス自国の権利が及ぶ範囲（排他的経済水域［ＥＥＺ］）では自由に開発を進めることができます。

一方、湖と規定されると、カスピ海は沿岸 5 か国の共有財産になり、開発は各国協議の上で進められます。

カスピ海は今、現実的にはイランを除く 4 か国によって海として扱われているので、発見された資源は最も近い国のものになります。沿岸部に油田などの資源が発見されていないイランは「カスピ海は湖だ」と主張しつづけています。海になると、自国の管理できる水面、および地下資源が減るからです。

5か国が岸をもつカスピ海

湖と規定されると、イランの水域は数十％増えるとする試算もある。

カスピ海はキャビアなどの第一次産業資源も豊富であるため、各国とも、自国の水域からエネルギー資源が産出されなくとも、それであきらめるわけにはいかないという側面もある。

はたしてこれは、どちらに軍配が上がるのでしょうか。新聞報道や専門家によると……。

・国際法上「海とは何か」を定義する法律はない。

・海か湖かは、関係国（イランやロシアなど5か国）が決めることができる。

・形式的には、分割案と共有案が検討される。

資源のある所に、紛争あり。平和的解決を願うばかりです。

［正解］ウ

◎ EEZ（排他的経済水域）の話題になったら

日本は世界第□位の海洋大国だった！

「狭いニッポン、そんなに急いでどこへ行く」は領土にあてはまっても、海にはあてはまりません。

Q　下は、領海および排他的経済水域の面積上位８か国に、それぞれの領土面積を加えたグラフです。［①］～［④］に入る国名を下から選びなさい。［難易度★★★］

ブラジル、アメリカ、日本、インドネシア

領海および排他的経済水域、領土の面積

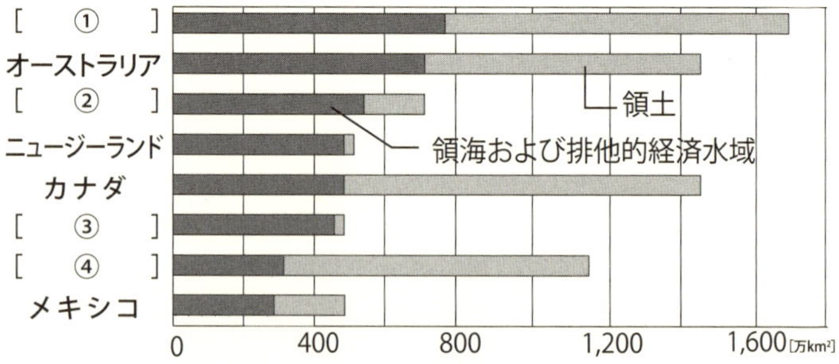

「海洋白書 2009」、外務省「各国・地域情勢」より

ロシアは、領土では 1,707 万 km² で1位だが、領海および排他的経済水域の数値が旧ソ連（北方領土と独立した各国分を含む）の記録（449 万 km²）しかないため、非掲載とした。

ハマる!

日本の国土面積と南鳥島の排他的経済水域ではどちらが広い？

意外と知られていませんが、日本は世界第６位の海洋大国です。これは、子どもはもちろん、大人の方にもぜひ覚えておいてもらいたいデータですね。そして、もっと海に関心を向けてもらいたい。

「海洋大国」を支えるのは、沖縄諸島、大東諸島、小笠原諸島、南鳥島や沖ノ鳥島などの島嶼《とうしょ》部です。自国の島には排他的経済水域が設定され、その水域の天然資源などを管理することができるのです。

具体的に説明しましょう。「**日本の国土面積（38 万㎢）と、日本最東端の島、南鳥島の排他的経済水域（半径およそ 370 ㎞の円）ではどちらが広いでしょうか**」。

南鳥島の排他的経済水域は　370 × 370 × 3.14 ＝

領海、接続水域、排他的経済水域のイメージ

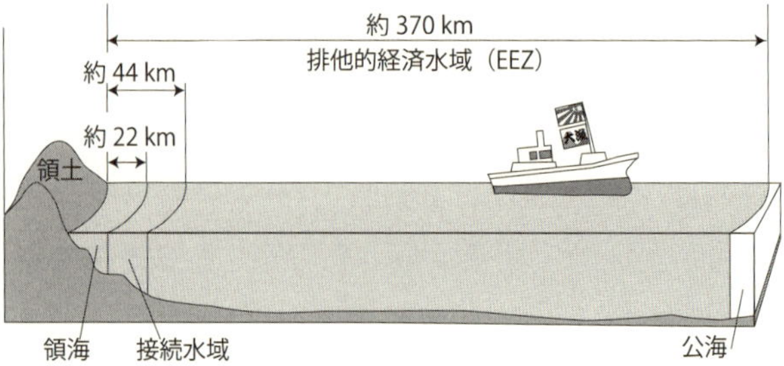

429,866 ㎢＝ 42 万 9,866 ㎢　ですから、答えは「南鳥島の排他的経済水域」となります。

排他的経済水域とは、国家の主権が及ぶ領海（沿岸から22㎞）の外に広がる、沿岸から半径 370㎞以内の水域です。

排他的経済水域では、水産資源や海底の鉱山資源について沿岸国が管理することができます。国際法上、このように公海上に一つの島を持つだけで、広大な面積の海域を管理することができるのです。

竹島や尖閣諸島などのニュースにふれた子どもから「**なぜ小さな島ひとつで国同士がケンカをするのか**」と聞かれたら、「水産資源、鉱山資源が目当てなのさ。島が一つあるだけで、日本の国土より広い海域の管理権を手に入れられる場合もあるんだよ」と教えてあげましょう。子どもも「日本の国土より広い」という具体的な説明により理解を深めることができるはずです。

［正解］①アメリカ　②インドネシア　③日本　④ブラジル

◎ 日本をとりまく海流の名前に注目！

黒っぽいから黒潮。では、親潮は"だれの親"なのか？

地理に限らず、言葉の由来に注目すると、学びのおもしろさを味わえることがあります。

Q　千島海流が「親潮」と呼ばれる理由を、次のア〜エから選びなさい。〔難易度★☆☆〕

ア…親のように、波音がうるさい海流だから。
イ…親のように、やさしい海流だから。
ウ…「魚を育てる親」のような役割の海流だから。
エ…親友のような海流だから。

日本をとりまく四つの海流

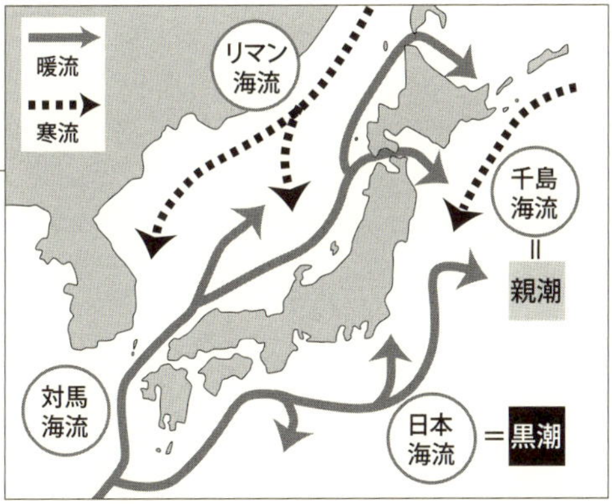

ハマる!

魚介類に絶好の生育環境を提供する親のような役割を果たす海流だから

子どもの発想は実に豊か。実は、前ページに挙げた不正解の選択肢は子どもたちが授業で答えた、答えの一部でした。あなたは、どんなイメージを持ちましたか？

日本海流が黒潮と呼ばれるのは、海水が濃い藍色で黒っぽく見えるから。千島海流が親潮と呼ばれるのは、プランクトンなどの栄養分が豊富な海水が多くの魚介類の絶好の生育環境を育《はぐく》む「親のような役割」を果たしているからです。

この親潮と黒潮がぶつかる宮城県石巻市沖の金華山《きんかさん》漁場は、世界三大漁場の一つとして知られています（他の二つは、アメリカの大西洋岸北部のニューファンドランド島沖の海域と、イギリスとデンマークの間の北海です）。

私は、親潮は「魚料理を好む日本人の食生活を支える、親のように有益な海流」でもあるとも考えています。

海流の名前を、ただ暗記する地理学習では、この問題に答えることはできません。子どもには、「なぜ『黒』なのか」「なぜ『親』なのか」と疑問に思ったら、すかさず質問するくせをつけるようにしましょう。

「子どもに、疑問をそのまま残すくせをつけさせないこと」

が大切なのです。親は「一緒に調べてみようよ！」と子どもに水を向ければＯＫ。そのうち、子どものほうが詳しくなります。

また、この設問なら、気候の変化による海流の変化、それに伴う漁獲高の変化を関連づけて学習するとよいでしょう。

実は、親潮という用語とその由来は、小学校の授業では習いません。しかし、将来のテスト対策、一般常識として覚えておいて損はありません。

海流の名前と特徴は、まず保護者が、下の文章を空で読み上げて、子どもをクスッとさせながら覚えさせましょう。楽しい思い出を伴う記憶は忘れにくいものですから。

「ひ（日本海流）ぐれ（くろ：黒潮）だ（暖流）。
おや（親潮）、ぢ（千島海流）かんかん（寒流）」

［正解］　ウ

よこみちコラム

キリマンジャロ山をよけるように国境線が引かれているワケは？

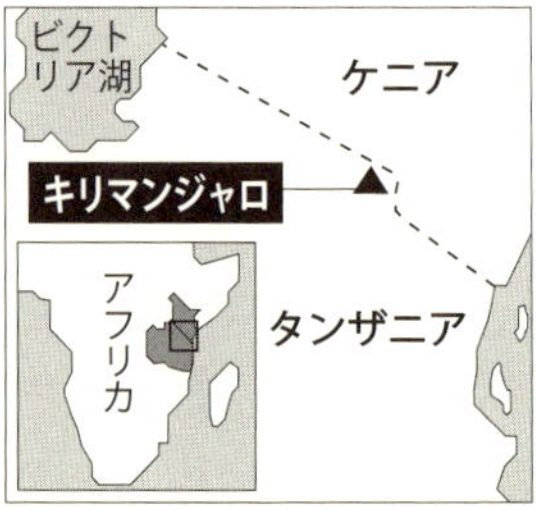

アフリカ大陸では、定規で引いたような国境線が多く見られます。また、ケニアとタンザニアの国境線は、キリマンジャロ山をよけるように引かれています。これは、不自然です。なぜでしょうか。

第一次世界大戦前のケニアはイギリス、タンザニアはドイツの植民地でした。当時、イギリスのビクトリア女王が、親交の深かったドイツのカイゼル皇帝に「あなたも、山が一つほしいでしょう」と言って、キリマンジャロ山を「贈った」のが、キリマンジャロを回りこむ国境線の由来とされています。どんな深い親交があって「山を贈った」のか興味はつきませんが、アフリカ大陸で暮らす人たちにとっては、そんな悠長な話ではありません。

アフリカには約 900 の民族が暮らしていますが、アフリカ大陸が 1884 年ベルリン会議によって列強諸国に分割された際、国境線は民族分布に関係なく、列強諸国の思惑で引かれました。これが、今に続くアフリカの民族紛争の一つの要因となっているからです。

【参考資料】

●書籍　『大学受験対策用 地理データファイル』帝国書院／『新詳地理資料 COMPLETE 2013』帝国書院／『図説地理資料 世界の諸地域ＮＯＷ 2013』帝国書院／『アドバンス中学地理資料 白地図ワーク付』帝国書院／『新編 中学校社会科地図』帝国書院／浅井建爾『日本全国 地図の謎』東京書籍／河原和之『100 万人が受けたい "中学地理 " ウソ・ホント？授業』明治図書出版／田邉裕『もういちど読む山川地理』山川出版社／奥井隆『昆布と日本人』日経プレミアシリーズ／浅井建爾『くらべる地図帳』東京書籍／インフォペディア『奇妙な " 日本地図 " の謎』光文社／浅井建爾『えっ？本当?! 地図に隠れた日本の謎』じっぴコンパクト／エディット『図解 日本がわかる " 地図帳 "』三笠書房／「地図の読み方」特捜班『世界地図のおもしろい読み方』扶桑社文庫／地図情報センター『平成の市町村大合併・総集編』国際地学協会／『地図記号 400』日本地図センター／ライフサイエンス『世界地図の楽しみ方』三笠書房／ロム・インターナショナル『図解 日本地図と不思議の発見―知られざる " 面白ニッポン " を集めた地理の本』河出書房新社／世界博学倶楽部『図解 世界なるほど地図帳』ＰＨＰ研究所／世界博学倶楽部『図解 日本全国ふしぎ探訪』ＰＨＰ研究所／おもしろ地理学会『世界で一番おもしろい世界地図』青春出版社／太政官修史館『明治史要』博文社（国立国会図書館）／河原和之ほか『授業がおもしろくなる 21 中学授業のネタ 社会②日本地理』日本書籍／ロム・インターナショナル『世界地図の楽しい読み方』河出書房新社／歴史教育者協議会『もっと知りたい データが語る日本の歴史』ほるぷ出版など

●政府機関の調査など　国勢調査／総務省統計局家計調査／総務省社会生活基本調査／厚生労働省人口動態調査／内閣府県民経済生産／経済産業省工業統計／国土交通省道路統計年報／農林水産省漁業・養殖業生産統計／環境省温泉利用状況／農林水産省都道府県別農業産出額及び生産農業所得／海外統計／各省庁・都道府県市町村の資料・ホームページ／各企業のホームページなど

【著者紹介】
河原 和之（かわはら かずゆき）
■1952年、京都府生まれ。現在、立命館大学ならびに近畿大学にて非常勤講師。「授業のネタ研究会」常任理事。「近現代史教材・授業づくり研究会」事務局長。東大阪市の公立中学校で30数年にわたり社会科教師として勤務。同市教育センター指導主事を経て、同市立縄手中学校を最後に定年退職。現在に至る。
■NHK教育テレビで2003年より「世の中なんでも経済学」、2005年より「世の中なんでも現代社会」の番組委員としても活躍した。公立校定年退職後の現在も、子どもを授業に主体的に参加させる授業のネタ開発をライフワークにしている。
■主著に『100万人が受けたいウソ・ホント？授業』「中学地理」編「中学歴史」編「中学公民」編（明治図書出版）、『15歳からの経済入門』（日経ビジネス人文庫）など。

■本文図版・イラスト／琴坂 映理、瀬川 尚志
■本文デザイン・DTP／木津 のり子
■カバー装幀／小野 貴司（やるやる屋本舗）
■編集協力／りんりん舎（中村 茂雄、佐藤 恵菜、小澤 憲一）

大人もハマる地理

2013年10月25日　第１刷発行

著　者――河原 和之
発行者――徳留 慶太郎
発行所――株式会社すばる舎
東京都豊島区東池袋3-9-7 東池袋織本ビル　〒170-0013
TEL　03-3981-8651（代表）　03-3981-0767（営業部）
振替　00140-7-116563
http://www.subarusya.jp/
印　刷――図書印刷株式会社

ISBN978-4-7991-0271-8